Martin A. Banger

Das zwölfte Haus und unsere pränatalen Prägungen

Standardwerke der Astrologie

Martin A. Banger

Das zwölfte Haus und unsere pränatelen Prägungen

Wie die Erfahrungen während der Schwangerschaft unser Leben mitbestimmen

ISBN 978-3-89997-246-7

2. Auflage 2024

Umschlag: Judith Hamann, Tübingen
Foto © shutterstock
Die Horoskope wurden mit Sarastro erstellt
Druck: Finidr, Český Těšin, CZ

Zu beziehen im Buchhandel oder über:
Chiron Verlag, Postfach 1250, D-72002 Tübingen
www.chironverlag.com

Inhalt

Astrologie und Prägung

Ich kam Ende der 1970er, Anfang der 1980er zur Astrologie, in einer Zeit, in der die Selbsterfahrungsszene, für die ich mich ebenfalls sehr interessierte, boomte und als sich das, was im englischen Sprachraum als »Human Potential Movement« bezeichnet wurde, auf dem Höhepunkt befand. Die Impulse, die von Wilhelm Reich, Alexander Lowen, Fritz Perls, Arthur Janov und anderen ausgingen, inspirierten eine ganze Generation und brachten eine regelrechte alternative Psychologie hervor. Janovs Primärtherapie fand eine Zeit lang weite Verbreitung, seine Hervorhebung der Bedeutung der Geburtserfahrung war für mich glaubhaft und nachvollziehbar (wenn auch manchmal etwas amerikanisch übertrieben). In einem Rebirthing, einer Sitzung, in der eine Atemtechnik praktiziert wird, die verdrängte Inhalte bewusst machen kann, erlebte ich meine eigene Geburt noch einmal existenziell wieder und in anderen Sitzungen auch einige wenige Eindrücke aus der Zeit vor der Geburt. Die Beschäftigung mit der Astrologie und die Auseinandersetzung mit den verschiedenen Ansätzen in der Psychologie verliefen für mich nie voneinander getrennt.

Ich betrachte das Geburtshoroskop in erster Linie als eine Landkarte unserer seelischen Muster und Prägungen. Für die meisten Menschen ist es erstaunlich zu hören, dass diese Landkarte bereits existiert, bevor einige unserer tiefsten Prägungen überhaupt stattfinden. Schwierige Erfahrungen in unserer Kindheit sind in unserem Horoskop abgebildet, manchmal lange bevor uns diese begegnen. Was aus wissenschaftlicher Sicht unmöglich ist, gehört zum Grundverständnis der Astrologie.

Im Horoskop sind unter anderem sichtbar: die Färbung der Geburtserfahrung und damit auch mögliche Traumata während der Geburt, Kindheitsprägungen und Familienmuster (was natürlich auch positive Prägungen beinhaltet wie Kraftquellen und die Erfahrung von Unterstützung), familiäre Verwicklungen, unser Zugang zu Liebe und Sexualität.

Damit kann eine Horoskopanalyse ein hilfreiches Instrument sein in der Unterstützung therapeutischer Prozesse und in der Aufarbeitung von traumatischen Erfahrungen. Ich kenne eine ganze Reihe von Beratern und Therapeuten, die in ihrer Arbeit astrologische Kenntnisse nutzen, meist ohne mit ihren Klienten darüber zu sprechen, da der Astrologie der Ruch der Unwissenschaftlichkeit anhaftet.

Zur Zeit der Aufbruchsstimmung in der Psychologie, lange bevor diese sich dem mechanistischen Geist unterwarf, der die moderne Wissenschaft beherrscht, ließ sich C.G. Jung tief gehend von der Astrologie inspirieren. Die jahrzehntelange Auseinandersetzung mit der astrologischen Sicht prägte die Typenlehre und einen großen Teil des psychologischen Verständnisses des berühmtesten Schülers Freuds.

Astrologie arbeitet mit Zyklen, die in keiner anderen Disziplin bekannt sind, deren Relevanz für das eigene Leben von vielen Millionen Menschen bestätigt wurde. Ausgehend von unserer Geburt wirft unser Schicksal Wellen und Muster in unser Leben, die sich astrologisch berechnen lassen, so wie sich physikalisch berechnen lässt, wann eine Welle, ausgelöst durch einen ins Wasser geworfenen Stein, das Ufer erreicht – lange bevor sie dort eintrifft. Für die meisten Astrologen gehört das Untersuchen dieser Zyklen zum wesentlichen Bestandteil ihrer Arbeit.

Der Geburtsmoment als Grundimpuls – das spätere Schicksal, das sich daraus entfaltet. Doch was ist mit Ereignissen, die sich zeitlich vor unserer Geburt abgespielt haben und unser Leben prägen? Aus der systemischen Familientherapie wissen wir, welche Bedeutung familiäre Verwicklungen für unser Leben und unsere Beziehungen haben können, und in der psychologischen Forschung verbreitet sich mehr und mehr die Erkenntnis, dass die Erfahrungen der werdenden Mutter während der Schwangerschaft einen tief gehenden Einfluss auf das Seelenleben des Kindes haben.

Wenn solche vorgeburtlichen Faktoren tatsächlich eine Rolle in unserem späteren Leben spielen, müssen sich diese im Horoskop abzeichnen, sonst könnte die Astrologie ihrem Anspruch nicht gerecht werden, die seelischen Muster und Lebenszyklen eines Menschen umfassend zu beschreiben. Da unser Horoskop praktisch mit unserer Geburt entsteht, kann es sich dann überhaupt auf Ereignisse beziehen, die zeitlich vorher stattgefunden haben?

Aus wissenschaftlicher Sicht dürfte beides abzulehnen sein – sowohl die Möglichkeit einer sinnvollen astrologischen Vorausschau als auch die eines entsprechenden Rückblicks. Doch selbst die meisten Astrologen haben von der zweiten Möglichkeit kaum Kenntnis. Von den wenigen spekulativen Werken über karmische Zusammenhänge in der Astrologie abgesehen werden vorgeburtliche Prägungen in der Fachliteratur so gut wie nicht thematisiert.

Angeregt durch einige Rückmeldungen in meiner Beratungspraxis untersuche ich seit mehr als zwei Jahrzehnten den Zusammenhang zwischen den Ereignissen in der pränatalen Phase, den Konstellationen des zwölften Hauses und den daraus resultierenden Auswirkungen auf das spätere Leben. In zwei Fällen, die fast am Anfang meiner Untersuchung standen, hatten die Betreffenden auffallende Belegungen des zwölften Hauses und keine Kenntnis davon, was sich während der Schwangerschaft ereignet hatte. Die von mir geäußerten Vermutungen über den Verlauf der pränatalen Phase wurden von den Müttern der Klienten im Nachhinein bestätigt. Sogar die zeitliche Einschätzung, wann in der Schwangerschaft eine traumatisierende Prägung stattgefunden haben musste, stellte sich als stimmig heraus.

Seitdem habe ich in fast 200 Beratungsgesprächen dieses Thema mit untersucht und in den allermeisten Fällen konnte ein Zusammenhang zwischen den Ereignissen in den Monaten vor der Geburt und den Konstellationen des zwölften Hauses festgestellt werden. Auch wenn viele Punkte noch einer näheren Untersuchung bedürfen, steht für mich fest, dass das zwölfte Haus die »Färbung« der Schwangerschaft spiegelt und dass Planeten in diesem Bereich fast immer auf eine schwierige Prägung weisen, die in einer herkömmlichen Therapie kaum aufgedeckt werden kann.

Mir ist bewusst, dass sich prägende familiäre Verwicklungen, wie sie von der systemischen Familientherapie beschrieben und bearbeitet werden, meist weit vor der pränatalen Phase bilden. Dennoch spielen diese in der Schwangerschaft manchmal eine besonders schwerwiegende Rolle, wie ich später an einigen Fallbeispielen belegen werde. Ansonsten werde ich dieses Thema nur am Rande behandeln. In den folgenden Kapiteln zeige ich auf, welche Horoskopfaktoren auf vorgeburtliche Traumata weisen, welche astrologischen Auslöser solche Traumata aktivieren können und welche Möglichkeiten bestehen, diese Themen aufzulösen. Doch zunächst ein kurzer Überblick über den Kenntnisstand der wissenschaftlichen Forschung zu pränatalen Prägungen.

Wann beginnt die Prägung?

Als ich studierte, dachte man: Das erste Lächeln eines Kindes kommt mit einem Jahr. Als ich mein Studium abgeschlossen hatte, lächelte das Kind schon mit drei Monaten. Die Forschung schritt weiter voran und das Kind lächelte dann immer früher. Und wir wissen heute, dass es schon vor der Geburt ... seine Emotionen hat.

Ludwig Janus, Psychotherapeut[1]

Nicht nur für die Astrologie ist die Untersuchung pränataler Prägungen Neuland, für die Psychologie gilt dies ebenso. Erst seit etwa 20 Jahren wird dieses Phänomen wissenschaftlich genauer untersucht. Seitdem sind mehrere Forschungsgruppen zu dem eindeutigen Ergebnis gekommen, dass wir bereits in der pränatalen Zeit Erfahrungen machen, die prägenden Einfluss auf unser Leben haben.

Nichtsdestotrotz ist diese Erkenntnis alles andere als verbreitet oder gar wissenschaftlich akzeptiert. Viele Forscher und die meisten psychologischen Schulen lehnen die Vorstellung, während der Schwangerschaft könne es zu seelischen Prägungen kommen, entschieden ab; in der Wissenschaft ist die Idee der *Tabula Rasa*, der »unbeschriebenen Tafel« noch weit verbreitet. »Vorgeburtliche Prägung« klingt für die Anhänger eines mechanistischen Weltbildes vor allem nach Esoterik. Noch bis in die 1970er-Jahre war es nicht unüblich, Neugeborene ohne

---

1 Dr. Ludwig Janus, Vorsitzender der Internationalen Studiengemeinschaft für prä- und perinatale Psychologie und Medizin in einer Sendung des SWR2 vom 29. Mai 2002: *Seelenleben im Mutterleib – Wie Schwangerschaft und Geburt den Menschen prägen.*

Narkose zu operieren, weil die Wissenschaft davon ausging, dass das Schmerzempfinden und das Erinnerungsvermögen sich erst im Laufe des ersten Lebensjahres ausbilden würden. Ein Gedächtnis oder gar eine Seele kann es nach dieser Auffassung vor der Geburt überhaupt nicht geben. Auch wenn man über die Entwicklung im ersten Lebensjahr inzwischen sehr viel mehr weiß, hat sich letztere Auffassung bis heute erhalten. So schreiben zum Beispiel die Autoren der Seite *Neurologen und Psychiater im Netz*:

Bereits Babys besitzen die Fähigkeit sich zu erinnern. Allerdings bleiben Erlebnisse bei 6 Monate alten Säuglingen lediglich 24 Stunden im Gedächtnis. Sind sie 9 Monate alt, steigt das Erinnerungsvermögen auf 1 Monat an. In den nächsten Monaten und Jahren nehmen diese Erinnerungszeiträume weiter zu. Die Entwicklung eines Langzeitgedächtnisses, das uns erlaubt, Erlebnisse und Erfahrungen, die Jahre zurückliegen, zu erinnern, dauert aber noch einige Zeit. Deshalb gibt es an die ersten drei bis vier Lebensjahre keine Erinnerung und meist nur wenige an das 5. und 6. Lebensjahr.[2]

Und die Biochemiker Hans Günter Gassen und Sabine Minol notieren in ihrem insgesamt sehr lesenswerten Artikel *Unbekanntes Wesen Gehirn* auf der Seite European Business Network zur Gehirnentwicklung:

*Abgesehen von ein paar Instinkten und Erfahrungen im Mutterleib fängt das Neugeborene praktisch bei null an, es ist weitgehend auf sinnliche Wahrnehmung und Körperreaktionen beschr*änkt. [3]

Bereits im antiken Griechenland gab es einen Streit darüber, ob wir mit ererbten Eigenschaften ins Leben treten oder als unbeschriebenes Blatt. Während bei Platon alles Wissen in der Seele vorhanden ist und wir uns nur nicht daran erinnern können, vergleicht sein Schüler und Kritiker Aristoteles die neugeborene Seele mit einer Tafel, auf der noch nichts geschrieben steht: *Tabula rasa* – die unbeschriebene Tafel. Die Idee, dass die menschliche Seele als eine solche auf die Welt kommt, hielt sich bis in die Neuzeit, auch wenn sie nie unumstritten war.

---

2 http://www.neurologen-und-psychiater-im-netz.org/gehirn-nervensystem/entwicklung/

3 http://ebn24.com/index.php?id=35327

Im Zeitalter der Aufklärung griff der englische Philosoph John Locke (1632-1704) diese These auf und bezeichnete den menschlichen Geist bei der Geburt als unbeschriebenes Blatt. Locke sieht die Geburt als Ausgangszustand des Menschen. Da vorher keine Wahrnehmung stattfände, könnten auch keine Erfahrungen gemacht werden. Diese Idee hat das Menschenbild der Philosophie und der Psychologie jahrhundertelang geprägt, doch spätestens seit Noam Chomskys Arbeiten zur Linguistik (ab 1959) gilt in weiten Kreisen als anerkannt, dass bestimmte menschliche Fähigkeiten angeboren sind.

Die Diskussion zwischen Verfechtern der These von den angeborenen Eigenschaften und den Anhängern der Tabula-Rasa-Idee beschränkt sich allerdings auf das Verhältnis zwischen Genetik und Erziehung und auf die Frage, ob allgemeine menschliche Verhaltensmuster angeboren sind. Um individuelle vorgeburtliche Prägungen geht es dort nicht. Das Konzept der Astrologie dagegen ist ohne die Vorstellung individueller Prägung undenkbar. Statt »wir sind geprägt« wäre es aus astrologischer Sicht sogar angemessener zu behaupten: »Wir sind Prägung«. Das meint, dass die Idee, es könne etwas Ungeprägtes überhaupt geben, infrage gestellt werden darf. Doch wo und wann finden *erste* Prägungen überhaupt statt?

Dass die Erfahrungen der frühen Kindheit unser Leben tief gehend beeinflussen, hat sich seit der Psychoanalyse als Erkenntnis durchgesetzt. Freud glaubte noch, der Prozess der Persönlichkeitsentwicklung begänne mit ca. drei Jahren; inzwischen gehen die meisten psychologischen Schulen davon aus, dass besonders die ersten drei Lebensjahre bestimmend sind für die Ausbildung unserer Stärken und Schwächen, für das Gefühl von Geborgenheit im Leben und für seelische Konflikte. Einige weniger bekannte Forschungen befassten sich mit den Auswirkungen des Geburtsvorgangs auf unsere seelische Gesundheit. Sowohl Arthur Janov[4] als auch Stanislav Grof[5] sahen Blockaden und Traumata während der Geburt als erste und tiefste Ursache für spätere Neurosen und Psychosen. Schon Grof beschrieb in den 1980er-Jahren Störungen des Geburtsvorganges kurz vor der Geburt als prägend für

4 Arthur Janov. *Der Urschrei*, Frankfurt a. M., 1982.

5 Stanislav Grof. *Geburt, Tod und Transzendenz*, Reinbek, 1985.

die menschliche Psyche. In seiner Arbeit mit Psychose-Patienten deckte er auf, dass Blockierungen in verschiedenen perinatalen Stadien (um die Geburt herum) zu bestimmten Formen von psychischen Störungen führen können.

Und bereits der Psychoanalytiker Otto Rank kam zu dem Ergebnis, dass alle Psychotherapie letztendlich das Geburtstrauma behandelt. Sein 1924 veröffentlichtes Werk DAS TRAUMA DER GEBURT stieß allerdings auf so heftigen Widerstand in der psychoanalytischen Szene, dass Rank, der eine Zeit lang sogar als Nachfolger Freuds gegolten hatte, von dieser regelrecht verstoßen wurde.[6]

Man wird schwerlich einen Ratgeber zum Thema Schwangerschaft finden, der diese Lebensphase nicht als eine besonders schützenswerte Zeit für die werdende Mutter beschreibt. Der Embryo dagegen wurde bisher meist als von Natur aus geschützt, geborgen und von der Außenwelt isoliert gesehen; im wissenschaftlichen Verständnis dominiert das Bild eines heranwachsenden Zellhaufens ohne jegliche Wahrnehmung und Bewusstheit. Der Einfluss von Mangelernährung, Medikamenten- oder Drogenkonsum der werdenden Mutter auf die körperliche und geistige Entwicklung des Kindes ist inzwischen vielfach belegt und wird vor allem über Störungen in der Gehirnentwicklung erklärt.

So schreiben die bereits zitierten Autoren bei »Neurologen und Psychiater im Netz«: *Während der gesamten Schwangerschaft sind die neuronalen Strukturen äußerst empfindlich und damit anfällig gegenüber äußeren Einflüssen. Alkoholkonsum, Rauchen, Strahlung, Jodmangel und bestimmte Erkrankungen der Mutter, wie beispielsweise Infektionskrankheiten, können zu einer Schädigung des sich entwickelnden Nervensystems führen.*[7]

Über eine Studie der Uni Trier von 2004 schreibt uni-protokolle.de: *Die Lebenszeit im Mutterleib ist der Ursprung von Gesundheit und Krankheit. ... Immer mehr Forschungsbefunde deuten darauf hin, dass einschneidende Belastungen während der Schwangerschaft bleibende Spuren im Gehirn des Ungeborenen hinterlassen können. So fanden*

---

6 Otto Rank. *Das Trauma der Geburt: Und seine Bedeutung für die Psychoanalyse.* Gießen, 2007. http://ebn24.com/index.php?id=35327

7 http://www.neurologen-und-psychiater-im-netz.org/gehirn-nervensystem/entwicklung/

niederländische Wissenschaftler heraus, dass deutsche Panzer, die im Zweiten Weltkrieg die Niederlande überrollten, noch Jahrzehnte später ungeahnte Auswirkungen zeigten – und zwar bei denen, die sich im Mai 1940 im Mutterleib befanden. Die zur Zeit der Blitzinvasion noch ungeborenen Babys erkrankten in ihrem späteren Leben weit häufiger an Diabetes, Bluthochdruck und Schizophrenie.[8]

Am Universitätsklinikum Hamburg-Eppendorf läuft derzeit die Langzeitstudie PRINCE (Prenatal Identification of Children's Health), in der untersucht wird, *welche Faktoren während der Schwangerschaft einen Einfluss auf die lebenslange Kindergesundheit haben können.*[9]

Alle diese Studien beschränken sich fast ausschließlich auf messbare körperliche Symptome im Leben derer, deren Mütter in der pränatalen Zeit unter Stress standen. Nach einer seelischen Verbindung wird meist nicht gesucht, was vor allem daran liegt, dass eine Seele im materialistischen Weltbild nicht oder nur als Resultat körperlicher Prozesse existiert.

Doch es gibt auch einige wenige psychologische Arbeiten, die sich mit den seelischen Prägungen des Kindes während der Schwangerschaft befassen. Das SEIN-MAGAZIN brachte 2012 einen Artikel von Dorit Zimmermann mit dem Titel *Vorgeburtliche Prägung – wie wichtig ist die Zeit vor der Geburt?* Die Autorin stellt dort mehrere Studien vor, die auch den seelischen Aspekt pränataler Prägung beachten.

Dass die mütterliche Ernährung weitreichende Auswirkungen auf die Gesundheit ihres Kindes hat, darüber sind sich Wissenschaftler im In- und Ausland einig. Relativ neu ist jedoch die Erkenntnis, dass auch negative Gefühle und dauerhafter Stress während der Schwangerschaft ihre Spuren beim Nachwuchs hinterlassen ... In einer Studie des Imperial College in London aus dem Jahr 2007 konnte immerhin nachgewiesen werden, dass die Übertragung eines hohen Cortisonspiegels von der Mutter auf das Kind einen niedrigeren IQ, Ängste, AD(H)S und Depressionen begünstigen kann ... So sieht die New Yorker Psychologin Catherine Monk den Ursprung vieler depressiver Erkrankungen in Erlebnissen im Mutterleib. Entsprechenden Untersuchungen zufolge

---

8 http://www.uni-protokolle.de/nachrichten/id/37504/

9 https://www.uke.de/kliniken/geburtshilfe/index_78521.php

reagieren Kinder depressiver Mütter bereits in utero empfindlicher auf Stressreize als Kinder mental stabiler Mütter.[10]

Auch Arthur Janov, der in seinem 1970 erschienen Werk THE PRIMAL SCREAM (deutsch: DER URSCHREI, 1982) die Ursache für fast alle seelischen Störungen auf schmerzhafte Erfahrungen während der Geburt und in den ersten drei Lebensjahren zurückführte, geht heute davon aus, dass Prägung bereits früher beginnen kann. Inzwischen sieht Janov die Zeit im Mutterleib und die ersten fünf Monate nach der Geburt als die entscheidenden Phasen an, in denen die körperliche und seelische Verfassung des Menschen festgelegt wird. In seinem 2012 veröffentlichten Buch VORGEBURTLICHES BEWUSSTSEIN[11] berichtet er über seine neuesten Forschungen und kommt zum Ergebnis, dass die Mutter während der Schwangerschaft den Großteil ihres emotionalen und gesundheitlichen Zustands auf ihr Kind überträgt. Auch Janov betrachtet überwiegend die körperlichen Aspekte solcher Prägungen, er untersucht, wie traumatische Erfahrungen während der Schwangerschaft zu Krankheiten wie Diabetes, Asthma, Alzheimer oder Krebs führen können, doch er weist darauf hin, dass auch unser Wesen und unser Charakter ihren Ursprung in dieser Zeit haben.

Andere Forschungen gehen von einem regelrechten Seelenleben des Fötus' aus. Im Schweizer Tagesanzeiger vom 29.12.2009 schreibt die Autorin Paula Lanfranconi unter dem Titel DAS TRAUMA IM MUTTERLEIB: *Kinder haben schon in der Gebärmutter ein eigenes Gefühlsleben ... Vor nicht allzu langer Zeit hätte man über solche Kausalketten den Kopf geschüttelt. Ungeborene, so die landläufige Überzeugung, seien passive Passagiere im Mutterbauch und reagierten kaum auf ihre Umgebung ... Zu den belastendsten Erlebnissen im Mutterleib gehören überlebte Abtreibungsversuche. Aber auch pränatale Untersuchungen oder das Gefühl, nicht willkommen zu sein, können traumatisierend wirken. Vorgeburtlich gestresste Kinder, so zeigen Untersuchungen,*

---

10 http://www.sein.de/geist/weisheit/2012/vorgeburtliche-praegung-wie-wichtig-ist-die-zeit-vor-der-geburt.html

11 http://www.sein.de/geist/weisheit/2012/vorgeburtliche-praegung-wie-wichtig-ist-die-zeit-vor-der-geburt.html

sind erregbarer und können ihr Verhalten schlechter regulieren. Bei älteren Kindern und Erwachsenen sind Symptome wie Lernstörungen, Ängste, Phobien, depressive Störungen möglich.[12]

Sehr viel weiter geht die tiefenpsychologisch orientierte Richtung, die sich *Fetal Programming* nennt. Diese Form der pränatalen Therapie untersucht seit einigen Jahren, wie sich psychische Belastungen der werdenden Mutter auf die Gesundheit des Kindes auswirken. Die Vorsitzende der US-amerikanischen Fachgesellschaft für Prä- und Perinatale Psychologie, Barbara Findeisen, spricht von der *Melodie des Lebens*, die das werdende Kind im Mutterleib erlernt. *„Diese Melodie prägt unser weiteres Leben und kann Vertrauen und Lebendigkeit oder aber Rückzug und Isolation vermitteln .... ob ein Mensch sich später selbst annehmen kann oder sich verachtet und verurteilt, hat hier seine Wurzeln*, erklärt Bettina Alberti, Therapeutin im Bereich der Pränatalen Psychologie.[13] Alberti berichtet von einigen beeindruckenden Fällen, in denen auffälliges Verhalten von Kindern auf die Erfahrungen während der Schwangerschaft zurückgeführt werden konnte. So stellte sich zum Beispiel bei einem achtjährigen Jungen, der an Erbrechen litt, während der Therapie heraus, dass die Mutter einen Abtreibungsversuch mit einer giftigen Flüssigkeit unternommen hatte.[14]

Zu den Pionieren auf den Gebiet der pränatalen Forschung gehört der oben zitierte Psychoanalytiker Ludwig Janus, der mehrere Bücher zu diesem Thema veröffentlicht hat. In einem Interview mit dem Psychologen Andreas Peglau erwähnt Janus eine Untersuchung in der ehemaligen Tschechoslowakei: *Den gleichen Sachverhalt ... (er bezieht sich auf die Schilderung eines vorgeburtlichen Traumas, Hervorhebung von mir) spiegeln unter anderem auch Untersuchungen wider, die zwanzig Jahre lang an 220 tschechoslowakischen Kindern gemacht wurden, bei denen der Antrag der Mutter auf Schwangerschaftsunterbrechung zweimal abgelehnt worden war. Diese Kinder*

---

12 http://www.tagesanzeiger.ch/wissen/medizin-und-psychologie/Das-Trauma-im-Mutterleib/story/11335433

13 Bettina Alberti. *Die Seele fühlt von Anfang an*, München 2005, Seite 75.

14 Alberti berichtet über einen Fall, den Dr. Ludwig Janus auf einer Tagung vorstellte.

waren in späteren Partnerschaftsbeziehungen wie auch im persönlichen Befinden deutlich unglücklicher als andere Altersgenossen.[15]

An anderer Stelle schreibt Janus:
Diese vorsprachlichen Ereignisse sind scheinbar vergessen. Erst allmählich hat man erkannt, dass die vorsprachlichen Ereignisse durchaus erlebt wurden. Sie können in unseren Gefühlen, in unseren Körperempfindungen und in unseren Phantasien und Träumen fortleben. Sie haben sich also unserem Gedächtnis eingeprägt. Dieses Gedächtnis ist vorsprachlich, ganzheitlich und körperlich – es wird das ganze Ereignis in all seinen Empfindungen, Gefühlen und Zuständlichkeiten gespeichert. Diese Urerfahrungen bleiben als eine Art Hintergrundfilm in unserem Leben erhalten und können sich, durch äußere Ereignisse aktiviert, als positive oder negative Gefühle und Empfindungen bemerkbar machen. ... Erst ganz allmählich begann und beginnt man sich mit diesen Zusammenhängen auseinanderzusetzen. Sie haben das frühere Allgemeinverständnis gegen sich, dass das seelische Erleben beim Kind erst mit der Sprache, also mit eineinhalb bis zwei Jahren, beginnt, und dass das Kind davor gewissermaßen nur reflexhaft reagiert.[16]

Janus ist darüber hinaus davon überzeugt, dass die Art und Weise, wie eine Gesellschaft mit ihren Ungeborenen umgeht, eine tief greifende Rückwirkung auf die Gesellschaft haben muss. Wenn, wie bei uns in Deutschland, laut Umfragen 60 % aller Kinder offen ungewollt sind, wird sich das seiner Meinung nach in der gesellschaftlichen Stimmung spiegeln.

Der australische Psychiater und Kinderpsychologe Dr. Graham Farrant geht sogar noch einen Schritt weiter. Er geht davon aus, dass für viele Menschen bereits die Umstände der Zeugung eine prägende Rolle im Leben spielen. Die Ebene, auf der diese Erfahrungen gemacht werden, bezeichnet er als *Zelluläres Bewusstsein.*[17]

---

15 http://weltall-erde-ich.de/paradiesische-neun-monate-fruehe-praegungen-zur-gewaltbereitschaft-aus-sicht-der-vorgeburtlichen-psychologie/

16 http://www.myway.org/de/buch-inhalt/buch-3/ludwig-janus

17 http://www.real-personal-growth.com/res_fixing/graham_farrant/graham_farrant_interview.htm

Mit prägenden Verhältnissen, die noch weiter zurückliegen als die pränatale Zeit, befasst sich die systemische Familientherapie, und zwar mit familiären Strukturen, die oft seit mehreren Generationen bestehen. Gut dokumentiert sind Fälle, in denen Menschen das Schicksal eines von der Familie Ausgestoßenen, von dem sie nie gehört hatten, unbewusst wiederholten. Aus psychologischer Sicht finden erste Prägungen also überwiegend in der frühen Kindheit statt, während der Geburt, in der Schwangerschaft oder systemisch durch Verwicklungen mit früheren Generationen.

Erinnerung – Gedächtnis – Prägung

Ein Teil der Verwirrung über die zeitlichen Möglichkeiten von Prägung resultiert aus den engen Grenzen des materialistischen Weltbildes. Information, so der Materialismus, kann nur sein, wo es Materie gibt. Erfahrungen müssen irgendwo materiell gespeichert sein. Bisher ging man davon aus, dass dieser Speicherort das Nervensystem mit seinen Synapsen sei, deren ungeheure Anzahl an Verbindungsmöglichkeiten jede menschliche Vorstellung übersteigt.

Das eben erwähnte Beispiel des Jungen, der an Erbrechen litt, weil seine Mutter in der Schwangerschaft ein Gift eingenommen hatte, lässt sich schwer mit einer veränderter Hirnentwicklung erklären. Zumindest besteht wenig Hoffnung, in dieser Hinsicht einen Nachweis zu erbringen. Die Schulwissenschaft wird einen derartigen Zusammenhang ohnehin noch lange Zeit infrage stellen. Da inzwischen aber immer mehr Belege auftauchen, dass Informationen von einer Generation auf die nächste übergehen, bevor die Nachkommen ein funktionierendes Nervensystem ausbilden können, tendiert man nun dazu, die Gene als Speichermedium für seelische Informationen anzusehen – durch Umlegen einzelner »Schalter« auf der DNS könnten alle Arten von Prägung erklärt werden. Irgendwo in der Materie muss die Erfahrung ja gespeichert sein.

Ein weiterer Verwirrung stiftender Faktor seitens der Naturwissenschaft ist die unscharfe Definition der Begriffe Gedächtnis, Bewusstsein, Prägung und Information und die daraus resultierende unklare Abgrenzung dieser Phänomene. Gedächtnis wird oft mit Bewusstsein gleichgesetzt, Prägung mit Information. So wurde Grof unter anderem vorgeworfen, dass sein Modell der perinatalen Prägungen nicht funktionieren könne, da das Langzeitgedächtnis bei Säuglingen noch gar nicht existiere.[18]

Auch wenn es sich etabliert hat, jede Art von Erinnerung – bewusste und unbewusste, mentale und körperliche, belanglose und bedeutende – im Computerzeitalter als reine Information zu begreifen, macht es einen existenziellen Unterschied, ob mir jemand erzählt, dass sich im nahegelegenen Wald ein Tiger versteckt, oder ob ich diesem Tiger leibhaftig begegne. Letzteres hat das Potenzial, den Rest meines Lebens auf eine Weise zu prägen, die ein wenig über die Neutralität einer reinen Sachinformation hinausgeht. Ein Schock, ein Überlebenskampf, ein verlorenes Bein sind keine Informationen im herkömmlichen Sinne. Prägung geschieht außerdem oft unabhängig von unserem bewussten Erinnerungsvermögen, in vielen Psychotherapien geht es ja überhaupt darum, Auslöser für Prägungen und deren Auswirkungen auf das Leben der Betroffenen bewusst zu machen.

Selbst wenn Informationen und sogar Erfahrungen in den Nervenzellen und/oder der DNS gespeichert sein sollten, gibt es andere Wege der Prägung durch Erlebtes. Anhand von Fallbeispielen werde ich später aufzeigen, dass sich eine traumatische Situation der Mutter um den Zeitpunkt der Zeugung herum tatsächlich auf das Leben des Betreffenden auswirkt. Dies ist mit einer Kodierung in den Nervenzellen nicht erklärbar, da sich das Nervensystem erst ab der dritten Schwangerschaftswoche auszubilden beginnt.

Immer wieder berichten Menschen davon, dass ihnen in einer Therapie der Zusammenhang zwischen ständig wiederkehrenden angstbesetzten Bildern in ihren Träumen und einem vorgeburtlichen Trauma bewusst geworden ist. Manche, die die Bombennächte Ende des Zweiten Weltkrieges im Mutterleib erlebten, träumten jahrelang von Feuersbrünsten. Jemand, dessen Mutter versucht hatte, ihn mit einer Schere abzutreiben, litt unter Alpträumen, in denen er von spitzen Gegenständen verfolgt wurde. Wir benötigen also kein bewusstes Erinnerungsvermögen und auch kein vollständiges Nervensystem zum Zeitpunkt des Geschehens, um später unter traumatischen Erfahrungen zu leiden.

---

18 http://de.wikipedia.org/wiki/Perinatale_Matrizen#Kritik

Wo sitzt die Erinnerung?

Der Biologe Rupert Sheldrake zweifelt generell daran, dass das Gehirn der Ort ist, an dem Erinnerungen gespeichert werden. Anfang der 1980er-Jahre prägte er den Begriff der *Morphogenetischen Felder*. Da es trotz intensiver Forschung bisher nicht gelungen ist, die Entstehung der Form eines Lebewesens über die Genetik zu erklären, nimmt er an, dass manche Arten von Informationen in einem Feld gespeichert sind.[19]

In seinem 2012 erschienenen Buch DER WISSENSCHAFTSWAHN[19] stellt Sheldrake die Frage, ob Erinnerungen überhaupt in irgendeiner Form materiell gespeichert werden. In diesem Zusammenhang führt er das Beispiel von Schmetterlingen an, die sich offensichtlich an Erfahrungen erinnern können, die sie im Raupenstadium gemacht haben. »In der Puppe wird das Raupengewebe praktisch komplett aufgelöst, bevor es die adulte Form bildet. Sogar das Nervensystem wird größtenteils abgebaut. Trotz all dieser Veränderungen während der Metamorphose können Falter sich offenbar an das erinnern, was sie als Raupe gelernt haben. Das ergab eine neuere Untersuchung, die von Martha Weiss und ihren Kollegen an der Georgetown University in Washington durchgeführt wurde. Sie trainierten Raupen des Tabakschwärmers Manduca sexta auf Aversion gegen den Geruch von Äthylazetat: Immer wenn die Tiere diesem Geruch ausgesetzt wurden, bekamen sie zusätzlich leichte elektrische Schläge. Nach zwei Häutungen im Larvenstadium und der Metamorphose im Puppen-

19 Rupert Sheldrake, *Der Wissenschaftswahn: Warum der Materialismus ausgedient hat.* München 2012.

stadium zeigte sich bei den ausgewachsenen Faltern eine Aversion gegen Äthylazetat, obwohl ihr Nervensystem einen radikalen Umbau erfahren hatte.«[20]

Und selbst bei Pflanzen wurde inzwischen ein Erinnerungsvermögen festgestellt. Die Seite GRENZWISSENSCHAFT AKTUELL berichtete am 20.1.2014 über die Ergebnisse einer Studie an der Universität Florenz, die nachweist, dass Pflanzen sich an Erfahrungen erinnern können und daher auch Lernfähigkeit besitzen. Lässt man Wasser auf Mimosenblätter tropfen, schließen diese sich. Erkennt die Mimose nach einer Weile, dass dieser Reiz ungefährlich ist, reagiert sie nicht mehr auf ihn und lässt ihre Blätter geöffnet. Wiederholt man den gleichen Versuch Wochen später, bleiben die Blätter geöffnet, selbst wenn die Umweltbedingungen verändert wurden. *Zugleich räumen die Wissenschaftler aber auch ein, dass sie die biologische Grundlage des Lernmechanismus' der Mimosen noch nicht verstehen. Dennoch habe das Ergebnis der Experimente weitreichende Konsequenzen. Nicht zuletzt, da es die Grenze zwischen Pflanzen- und Tierreich radikal infrage stellt. Ebenso hinterfragen sie bisherige Definitionen des Lernens und des Erinnerns als spezielle Eigenschaften von Organismen mit einem ... funktionierenden Nervensystem.*[21]

In einem anderen Kapitel des eben erwähnten Buches beschreibt Sheldrake ein Phänomen, das darauf hindeutet, dass sogar chemische Substanzen eine Art Erinnerungsvermögen besitzen. Die Fähigkeit chemischer Stoffe, Kristalle zu bilden, scheint nicht einfach ein gegebenes Naturgesetz zu sein. Neu entwickelte Chemikalien brauchen manchmal jahrelang, um zu kristallisieren. Haben sie dies einmal getan, reagieren alle Proben auf der Welt nach dem gleichen Muster und kristallisieren auf die spezielle neue Weise aus. Es gibt sogar Fälle von Substanzen, die die Fähigkeit zu kristallisieren wieder verlernt haben, und nach kurzer Zeit gelang es weltweit keinem Labor mehr, die eben noch bekannten Kristalle zu erzeugen. *Das Auftreten neuer Kristallmodifikationen macht deutlich, dass die Chemie nicht außerhalb der*

---

20 Ebenda S. 257.

21 http://grenzwissenschaft-aktuell.blogspot.de/2014/01/ohne-hirn-auch-pflanzen-konnen-sich.html

Zeit steht. Sie ist historisch und evolutionär wie die Biologie. Was jetzt geschieht, beruht auf dem, was früher geschah. [22]

Inzwischen gibt es sogar einen ersten Nachweis für das, was aus wissenschaftlicher Sicht bis vor Kurzem noch völlig abwegig erschien: Die Möglichkeit, dass Traumata ohne den Umweg der Erziehung von Eltern an ihre Kinder weitergegeben werden können. NATURE, eines der weltweit angesehensten wissenschaftlichen Fachmagazine, berichtete im Dezember 2013 über eine Untersuchung an der Emory University School of Medicine in Atlanta, die zu dem Ergebnis kommt, dass Ängste von einer Generation auf die nächste vererbt werden können. Ähnlich wie in dem oben beschriebenen Experiment an Raupen wurden Mäusen in Verbindung mit einem speziellen Geruch Elektroschocks verabreicht. Die Nachkommen dieser Mäuse zeigten Angstreaktionen allein beim Wahrnehmen des Geruches, auch wenn sie nie Kontakt zu ihren traumatisierten Vätern hatten.[23]

GRENZWISSENSCHAFT AKTUELL notiert hierzu: *Die Entdeckung scheint zunächst der traditionellen Vererbungslehre zu widersprechen, nach der eigentlich nur physische Merkmale durch biologische Vererbung von einer Generation an die nächste weitergegeben werden dürften.*[24]

Und HEISE ONLINE kommentiert: *Aber auch ohne Entschlüsselung des exakten Vererbungsablaufs könnten die aus dem Versuch gewonnenen Erkenntnisse bald in die Behandlung von psychischen Erkrankungen wie beispielsweise Angststörungen einfließen: Hier müssen Mediziner möglicherweise auch in den Lebensläufen der Vorfahren nach traumatischen Ereignissen wie Hunger, Verstümmelung oder Vertreibung suchen, wenn sie alle infrage kommenden Ursachen finden wollen.*[25]

Alle diese neuen Erkenntnisse deuten darauf hin, dass Sheldrakes Feldhypothese sehr viel eher geeignet ist, das Phänomen der Informati-

---

22 Sheldrake, *Der Wissenschaftswahn*, S. 139 ff.

23 http://www.nature.com/news/fearful-memories-haunt-mouse-descendants-1.14272

24 http://grenzwissenschaft-aktuell.blogspot.de/2013/11/vererbte-emotionen-nachkommen-zeigen.html

25 http://www.heise.de/tp/news/Angst-vererbt-sich-2102684.html

onserhaltung und -übertragung zu erklären, als biologistische Modelle dies können. Für die Astrologie ist es natürlich unerheblich, wo und wie Prägungen gespeichert werden. Wir haben unser eigenes Konzept, Prägungen aufzuzeigen, unsere eigene Sprache, diese zu beschreiben.

Da wir in einer wissenschaftsorientierten Kultur leben, vor allem da immer wieder die Frage gestellt wird: »Wer oder was prägt uns eigentlich – die Sterne, die Erziehung oder die Gene?«, halte ich es für angemessen, über diese Dinge ein wenig Bescheid zu wissen. Ich nehme an, dass es nicht mehr viele Astrologen gibt, die die Stellungen der Planeten als prägend für die menschliche Seele erachten (ich weiß es allerdings nicht). In der Gesellschaft dagegen hält sich die hartnäckige Idee, die Astrologie würde Sternen irgendwelche *Einflüsse* zuschreiben. So wie die Planeten unsere Erfahrungen und Entwicklungszyklen spiegeln und nicht bewirken, so tun dies meines Erachtens auch die Gene, die Nervenverbindungen und sicher auch das Blutbild und die Muster auf der Iris. Alles spiegelt sich in jedem. Aber auch das ist nur eine Arbeitshypothese. Natürlich prägen uns nicht Sterne, Erziehung oder Gene – uns prägen Erfahrungen. Und ein Teil unserer Erfahrungen verursacht so große Wellen, dass diese von einer Generationen zur nächsten schwingen.

In der Beratung ist es oft hilfreich unterscheiden zu können, wann eine traumatische Prägung stattgefunden hat. Für einen Klienten kann es eine völlig andere Bedeutung haben, auf ein Kindheitstrauma angesprochen zu werden oder von der Möglichkeit zu erfahren, dass eine traumatische Situation seiner Eltern sein Leben beeinflusst. Nicht alle Astrologen wissen über diese Thematik Bescheid, die die Forschung inzwischen zu bestätigen scheint.

Was jetzt geschieht, beruht auf dem, was früher geschah, schlussfolgert Sheldrake in dem oben aufgeführten Zitat. Ich denke, dies ist die Essenz, auf die wir uns alle einigen können.

Schwierige Prägungen im Horoskop

Wo finden wir im Horoskop Hinweise auf die Grundlagen für Ängste, Konflikte, Depressionen und Neurosen? Sind die Zeit und die Umstände, die psychologisch als deren Ursprung gelten können, dort überhaupt differenziert sichtbar? Auf den ersten Blick scheint Astrologie die frühen Thesen von Janov und Grof zu unterstützen, immerhin arbeiten wir mit der Konstellation des Geburtsmomentes und leiten hieraus alle Stärken und Konflikte eines Menschen ab. Doch wir kennen auch den speziellen Bereich *Heim, Familie, Kindheit* – das vierte Horoskophaus befasst sich mit diesen Angelegenheiten. Finden wir das vierte Haus schwierig belegt, gilt dies als Anzeichen für seelische Wunden in den ersten Lebensjahren. Das Horoskop lässt allerdings weitaus deutlichere Einblicke in die prägende Vergangenheit zu.

Alle harten Aspekte im Horoskop sind mit schwierigen Erfahrungen verbunden, in der Kindheit wie im Erwachsenenalter, aber nicht alle haben für die seelische Entwicklung das gleiche Gewicht. Sind die Symbole der Seele – Mond, Neptun, Pluto und die Wasser-Häuser – betroffen, können verdrängte oder unbewusste Inhalte besonders schwere Folgen haben. Bei einem Sonne-Saturn-Quadrat, so schmerzhaft es sich bemerkbar macht, wird, solange die Wasser-Häuser nicht betroffen sind, ein verdrängtes frühkindliches Trauma kaum je zu vermuten sein. Hier weist Astrologie übrigens auf die Grenzen der beliebten „Es-geschah-in-der-Kindheit"-Geschichte hin. Vielleicht haben wir einen strengen oder kühlen Vater gehabt, doch der besitzt sicher noch andere Seiten. Wir sind es, die mit Sonne-Saturn auf die Welt kommen und genau diese Qualität beim Vater, bei Lehrern und bei Autoritätspersonen herausfiltern. Eine Therapie sollte diesbezüglich lösungsorientiert arbeiten und sich nicht lange mit den Übeltätern aus der Kindheit befassen (hier zum Beispiel: einen Lernprozess anregen, mit sich und anderen wohlwollender umzugehen).

Sind die Wasser-Häuser betroffen oder mischen Mond, Neptun oder Pluto mit, wird die Suche nach den verdrängten oder unbekannten Ursachen notwendiger Teil eines therapeutischen Prozesses. Das vierte Haus zeigt, ob uns die Erfahrungen der Kindheit eher verunsichert haben oder die Basis für ein gesundes Selbstvertrauen legten. Schwierige Faktoren in diesem Horoskopbereich können eine Therapie erforderlich machen, die die Wunden der Kindheit aufdeckt und zur Heilung bringt. Während die freundlichen Prinzipien im vierten Haus seelische Kraftquellen anzeigen, kann alles, was sich im achten und zwölften Haus befindet, generell mit Verletzungen verbunden sein, die zur Lösung drängen. Verletzungen des vierten Hauses sind weitgehend bewusst, die des achten nur noch bis zu einem gewissen Grad und von daher auch weit schwieriger zu lösen. Hier geht es häufig um Zwänge und die verdrängten Ursachen von Ängsten, um heftige Emotionen und die Konfrontation mit Macht und Ohnmacht. All dies kann selbstverständlich in Verbindung mit den Erfahrungen der frühen Kindheit stehen. Wir finden hier aber auch familiäre Verwicklungen, die dem Haus-acht-Betonten ein psychisches Opfer abverlangen. Und Haus acht betrifft existenzielle Ängste. Die Angst vor Vernichtung (auch in finanzieller Hinsicht), vor dem Tod und vor sexueller Hingabe werden wir in einer Psychoanalyse oder Gesprächstherapie nur selten ablegen – hier sind Techniken hilfreich, die uns mit unseren Urängsten konfrontieren und uns offenbaren, dass wir die Begegnung mit ihnen überleben. Die Quellen für die Ängste und Zwänge des zwölften Hauses jedoch bleiben unbewusst, solange sie nicht bearbeitet werden – und damit oft ein Leben lang. Doch weder mit den klassischen noch mit modernen konfrontativen Therapien können wir diesen begegnen. Hier geht es um Ursachen, die sich unserer Erinnerung verschließen, weil sie vor der Zeit liegen, als uns Sprache zur Verfügung stand: familiäre Verstrickungen, Ereignisse in der pränatalen Phase und vielleicht sogar karmische Zusammenhänge.

Das zwölfte Haus war für mich lange Zeit ein Rätsel, und ich weiß, dass es auch anderen so geht, die sich mit der Astrologie befassen. Beschreibungen des zwölften Hauses sind oft etwas nebulös, was natürlich in der Natur Neptuns und des Zeichens Fische liegt. Wir wissen, dass es mit Anstalten, Rückzug, dem Unbewussten zu tun hat, mit Inspiration, Ängsten, Verwirrung und der Erfahrung von Grenzenlosigkeit. Wir kennen die Stichworte, die diesem Bereich zugeordnet werden, doch wo ist das übergeordnete Thema?

Lange Zeit habe ich keine Definition des zwölften Hauses gefunden, die mich zufriedenstellen konnte. Eine der für mich stimmigsten, auf die ich erst sehr spät gestoßen bin, hat Howard Sasportas formuliert. Hier fand ich auch den einen der zwei mir in der Literatur bekannten Hinweise auf einen möglichen Zusammenhang zwischen der pränatalen Zeit und dem zwölften Haus. So schreibt Sasportas: *In den meisten Fällen stehen Planeten und Zeichen im zwölften Haus mit dem in Beziehung, was die Psychologen den „Nabelschnureffekt" nennen. Dieser Theorie zufolge ist der sich entwickelnde Embryo nicht nur für die physischen Substanzen empfänglich, die die Mutter zu sich nimmt, sondern auch für ihren allgemeinen Seelenzustand während der Schwangerschaft. Ihre Einstellung und ihre Erfahrungen übertragen sich auf den Fötus in der Gebärmutter. Das, was sich auf diese Weise auf das Kind überträgt, zeigt sich in den Stellungen im zwölften Haus. Ist Pluto dort zu finden, so hat die Mutter möglicherweise während der Schwangerschaft traumatische Erlebnisse gehabt. Das Kind bringt dann ein Gespür für die Gefahren des Lebens und die Furcht vor irgendwelchem lauernden Unheil mit auf die Welt.*[26]

Sasportas erwähnt anschließend den Fall einer werdenden Mutter, bei der während der Schwangerschaft ein Hirntumor diagnostiziert wurde und deren Kind mit Pluto im zwölften Haus auf die Welt kam. Veröffentlicht wurden diese Zeilen 1985, zu einer Zeit, als die Idee, es könne eine Beziehung zwischen dem Erleben der Mutter in der Schwangerschaft und der Prägung des Kindes bestehen, als extreme Außenseitermeinung gegolten hat.

Laut Sasportas muss es zwar Psychologen gegeben haben, die dies als *Nabelschnureffekt* bezeichneten, in der Literatur konnte ich aller-

---

[26] Howard Sasportas. Astrologische *Häuser und Aszendenten.* 2. Auflage, München 1997. S. 138.

dings keine Quelle dafür ausfindig machen. Selbst von Janov ist nicht bekannt, dass er diese Möglichkeit damals schon in Betracht gezogen hätte. Eine meiner Inspirationen, die mich veranlassten, mich tiefer mit dem Thema auseinanderzusetzen, waren diese Zeilen des leider früh verstorbenen Howard Sasportas, der seiner Zeit ganz offensichtlich weit voraus war, ein erster Impuls kam, wie bereits erwähnt, durch zwei überraschende Rückmeldungen in meiner Beratungspraxis. Sehr viel später stieß ich auch bei der holländischen Astrologin Karen Hamaker-Zondag auf die von ihr 1990 geäußerte Vermutung, das zwölfte Haus könne mit den letzten Monaten der Schwangerschaft zu tun haben.

Wieso Haus zwölf?

Für mich ist es selbstverständlich, dass der Aszendent die Geburt repräsentiert; aus Gesprächen mit Astrologen und Astrologieinteressierten weiß ich allerdings, dass diese Kenntnis nicht allgemein verbreitet ist. Dabei legen wir so großen Wert darauf, die genaue Geburtsminute zu ermitteln, um den Aszendenten bestimmen zu können. Die Position des Aszendenten ist untrennbar mit dem Geburtszeitpunkt verbunden, der Aszendent ruft (oder flüstert): »Hier komme ich!«, er beschreibt das Hinaustreten ins Leben – sowohl den Moment des physischen Hinaustretens aus dem Mutterleib als auch die Art und Weise, wie jemand in neue Situationen geht und sich anderen gegenüber präsentiert. Transite über den Aszendenten markieren immer einen Neubeginn, den Start eines neuen Zyklus, den Impuls für einen Neuanfang.

Hunderte von Klientengesprächen haben mir im Laufe der Zeit bestätigt, dass jeder schwierige Aspekt auf den Aszendenten entweder eine Komplikation während der Geburt anzeigt oder eine schwere Lebenssituation der Mutter um die Geburt herum. Steht zum Beispiel Saturn am Aszendenten, ist die Geburt meist verzögert und langwierig, was mit einer schwierigen materiellen Situation der Eltern und der dadurch belasteten Haltung der Mutter durchaus zusammenhängen kann. Ein Mensch mit Saturn-Aszendent, dessen Lebenshaltung von Sorgen, Schwere und Depressionen dominiert wird, findet in einer Psychoanalyse sicher Anlass, die frühe Kindheit zu durchleuchten. Am meisten profitieren wird er von einer Therapie, die die perinatalen Umstände klärt und das Geburtstrauma auflöst.

Wenn wir uns fragen, wo im Horoskop die pränatale Phase abgebildet sein könnte, ist es naheliegend, den Bereich vor dem Geburtspunkt in Betracht zu ziehen, also das zwölfte Haus, das als introvertiertes gilt, als Bereich des Unbewussten, des Unsichtbaren, des Eins-Seins. Wir können Haus zwölf als das deuten, was am Ende aller Entwicklung steht – Auflösung, Tod, Hingabe, Verschmelzen, aber auch als das, was vor dem Aszendenten, dem Punkt der Geburt, stattfindet: die pränatale Zeit. Mit dem Aszendenten offenbaren wir uns, treten in die Welt, mit der Tendenz, das lichtvolle erste Haus – das »Ich bin« – zu erobern. Hinter uns liegt das Dunkel des zwölften Hauses, die Zeit der Schwangerschaft.

Vielleicht gibt es noch andere Möglichkeiten, vorgeburtliche Themen aufzuspüren, man könnte einen noch weiter vor dem Aszendenten liegenden Bereich im Horoskop in seiner Beziehung zur pränatalen Phase erforschen oder ein eigenes Horoskop des zwölften Hauses erstellen, also eine spezielle Technik anwenden, die von manchen Schulen praktiziert wird. Denkbar wäre auch die Untersuchung des Neumondes vor der Geburt und die Betrachtung des Horoskopes zu diesem Zeitpunkt. Und so, wie ich Transite vor der Geburt in die Analyse der Fallgeschichten einbezogen habe, ist dies möglicherweise auch mit den sogenannten konversen Progressionen sinnvoll.

Ich habe mich in meiner Untersuchung auf das zwölfte Haus beschränkt, so wie es sich im Horoskop abbildet, und so viel Bestätigung für diese These gefunden, dass das Besprechen vorgeburtlicher Zusammenhänge fester Bestandteil meiner Beratungstätigkeit geworden ist, sofern dieses Thema für den Klienten eine Rolle spielt.

Bevor ich näher auf die Ergebnisse meiner Untersuchung eingehe, möchte ich einige Beschreibungen des zwölften Hauses aus der astrologischen Literatur aufführen und sie kommentieren. Es geht hier nicht um Kritik an diesen Deutungen, nicht um Richtig oder Falsch, sondern darum, dass die meisten dieser Beschreibungen augenblicklich einen erweiterten Sinn bekommen, nimmt man die Beziehung zur pränatalen Phase in die Betrachtung mit hinein.

Die Deutungen des zwölften Hauses in der Fachliteratur

Eine Zusammenfassung der klassischen Deutungen des zwölften Hauses findet sich bei Sakoian und Acker: *Das zwölfte Feld und die mit ihm im Horoskop verbundenen Faktoren lassen viel über die für den Geborenen charakteristischen Gefühlsreaktionen und Gewohnheitsmuster erkennen. Das zwölfte Feld beherrscht das Unbewusste, die Anhäufung von unbewussten Erinnerungen und gefühlsmäßigen Erfahrungen und Haltungen. ... Festgefahrenseins in unbewußten Gewohnheiten und von automatischen Reaktionen, die der jeweiligen Situation nicht angepasst sind.*

Einzelnen Konstellationen im zwölften Haus ordnen die Autoren unter anderem zu: *Rückzugtendenz, Dienst am Nächsten, Intuition, Mitgefühl, die Neigung, im Verborgenen zu handeln, Gefahr einer Inhaftierung oder Einweisung, Einsamkeit, Depression, eingebildete heimliche Feinde und Angstzustände.*[27]

Alle diese Einzelfaktoren, deren Aneinanderreihung keinen offensichtlichen Sinn ergibt, stehen dann in einem übergeordneten Zusammenhang, wenn wir sie als Resonanz auf die vorgeburtliche Erfahrung interpretieren. In der Beschreibung der Fallbeispiele wird deutlich werden, dass alle genannten Eigenschaften typische Auswirkungen eines pränatalen Traumas sein können.

Die Stichworte, die Gertrud I. Hürlimann für das zwölfte Haus nennt, überschneiden sich weitgehend mit den eben angegebenen. In ihrem Lehrbuch führt die Schweizer Astrologin unter anderem

---

[27] Frances Sakoian und Louis Acker. *Das große Lehrbuch der Astrologie.* München 1973, Seite 113 ff.

auf: *Zurückgezogenheit, Stille, Arbeiten im Hintergrund, Isolierung, Heimlichkeiten, heimliche Affären, alles, was die Teilnahme am aktiven Leben verhindert, alles Verborgene und Weltabgeschiedene, Anstalten, heimliche Feinde, psychosomatische Erkrankungen als Folge von Verdrängungen.*[28]

Die heimlichen Affären und auch die oben bereits genannten heimlichen Feinde können als mangelnde Abgrenzungs- und Unterscheidungsfähigkeit vieler Haus-zwölf-Vertreter gedeutet werden. In Beratungsgesprächen bin ich auf das Thema *heimliche Feinde* nur selten gestoßen (gelegentlich allerdings bei Transiten durch zwölf), weit häufiger aber auf die Neigung zu heimlichen Affären, besonders dann, wenn die Mutter in der Schwangerschaft zwischen zwei Männern stand. Zweifel der werdenden Mutter, welcher von zwei oder mehr Männern eigentlich der Vater ist, sind verbreiteter als ich zu Beginn meiner Untersuchungen geahnt hatte. Auf Wikipedia findet sich dazu: *Gemäß einer britischen Studie über zwischen 1950 und 2004 durchgeführte Verwandtschaftsuntersuchungen beträgt die Quote der sogenannten »Vaterschaftsdiskrepanzen« im Median 3,7 Prozent.*[29]

Damit sind die Fälle gemeint, in denen ein Kind tatsächlich von einem anderen Vater ist als angenommen oder angegeben. In sehr viel mehr Fällen ist die Mutter in der Schwangerschaft verunsichert über die Frage, wer der Vater ihres Kindes denn nun ist. Manchmal trennen sich Frauen von ihrer großen Liebe, wenn sie erfahren, dass sie ungeplant von einem anderen Mann schwanger geworden sind, um mit dem werdenden Vater eine Familie zu gründen. Und auch der umgekehrte Fall kommt manchmal vor, dass sich ein Paar nach einem *»erfolgreichen«* Seitensprung der Frau entscheidet, das Kind gemeinsam aufzuziehen. Solche Situationen sind für die Mutter in den meisten Fällen emotional extrem belastend und in den Konstellationen des zwölften Hauses ihres Kindes sichtbar. Die Betreffenden ziehen verwirrende Verhältnisse in ihren Beziehungen regelrecht an. Welche Konstellationen auf eine solche Thematik weisen können, zeige ich in den Fallbeispielen auf.

---

[28] Gertrud I. Hürlimann. *Astrologie. Ein methodisch aufgebautes Lehrbuch.* 8. Auflage, Zürich, 1994. S. 108 ff.

[29] http://de.wikipedia.org/wiki/Kuckuckskind#Deutschland

Weiter schreibt Hürlimann: *Die Aussagen für das 12. Feld sind in der gesamten Literatur vorwiegend belastend. Hölle und Fegefeuer scheinen im 12. Sektor sich zu befinden und nicht in einer jenseitigen Sphäre … Planeten, die im 12. Feld platziert sind, zeigen Begabungen und Fähigkeiten an, die erst dann zur vollen Leistung entwickelt werden können, wenn einem andere Lebensnotwendigkeiten abgenommen werden, wenn man sich ganz auf die angelegten Möglichkeiten konzentrieren kann. … Das 12. Feld ist aber auch das Feld der Weisheit und der geistigen Reife.*[30]

Es sind einige Künstler mit stark besetztem zwölften Haus bekannt, die sich schon früh ihrem kreativen Schaffen hingegeben haben, vor allem dann, wenn ihre finanzielle Lage ihnen dies ermöglichte. Ein Haus-zwölf-Thema wartet darauf, entdeckt und ins Leben geholt zu werden, was in den meisten Fällen allerdings relativ lange dauert. Der Prozess der Entwicklung der von Hürlimann erwähnten Fähigkeiten geht keinen direkten Weg, sondern einen verschlungenen, oft unbewussten, wie es der Natur des Wassers entspricht. In diesem Prozess entwickeln die Betreffenden ein tiefes Verständnis für menschliche Unzulänglichkeiten, Mitgefühl im positiven Sinne, das was Hürlimann mit Weisheit meint.

Jean Claude Weiss vermutet in HOROSKOPANALYSE, dass Haus zwölf aufgrund der Wertmaßstäbe unserer Epoche so düster ausfällt, und folgert: *Richtig verstandene Astrologie besteht nicht aus »Gut und Böse« – Zuordnungen, und die traditionellen Deutungen des zwölften Hauses gehören vom Brauchbarkeits- und Entwicklungswert her betrachtet sicher zum Untauglichsten, was die überlieferte Astrologie hervorgebracht hat.*[31]

Anschließend beschreibt Weiss die Faktoren im zwölften Haus als Persönlichkeitsanteile, die in der frühen Kindheit von der Umwelt abgelehnt wurden und daher im Verborgenen, also unbewusst wirken. Er sieht das Kind als überfordert mit dem betreffenden Thema und

---

30 Gertrud I. Hürlimann. *Astrologie. Ein methodisch aufgebautes Lehrbuch.* 8. Auflage, Zürich, 1994. Seite 108 ff.

31 Jean Claude Weiss. *Horoskopanalyse. Planeten in Zeichen und Häusern.* Schaffhausen, 1984. Seite 208.

im Konflikt zwischen Verdrängung und Kompensation. Dies ist sicher eine mögliche Betrachtungsweise, doch wenn die Verdrängung (oder deren Versuch) des betreffenden Prinzips bereits seitens der Mutter in der Schwangerschaft stattfand, erklärt sich, warum das Kind gerade auf diejenige Thematik so stark anspricht.

Weiter schreibt Weiss: *Sämtliche helfenden Berufe, wo wir damit beauftragt sind, verständnisvoll und klärend in eine nicht mehr stimmig funktionierende Struktur geistiger, psychischer oder körperlicher Art einzugreifen, sind Entsprechungen des zwölften Hauses. Dies kann zu Betätigungen führen, im Rahmen von kirchlichen oder sozialen Organisationen, sowie in psychiatrischen Kliniken oder Krankenhäusern. Dabei ist klar zu erkennen, dass die berufliche Betätigung im Zusammenhang mit Menschen, welche das Auflösende und Chaotische in sich erleben, eine sozial gekonnte Bewältigung des Chaotischen in einem selbst symbolisiert. Wir können dies auch als Projektion ansehen, indem die Auseinandersetzung mit Schwächen bei anderen uns vorübergehend von der Konfrontation mit unseren eigenen Schwächen befreit. So unklar wie das zwölfte Haus ist auch der Prozess.*[32]

Das Trennen zwischen eigenen und fremden Inhalten gibt es für diejenigen mit pränatalem Trauma nicht, beziehungsweise nicht von Anfang an, so etwas muss erst gelernt werden. Wenn das hormonelle System der Mutter auf Panik, Trauer oder Hilflosigkeit reagiert, ist das System des Embryos davon nicht getrennt; werdende Mutter und werdendes Kind reagieren als Einheit.

Dass viele Haus-zwölf-Geprägte so sehr auf die Schwächen und Bedürfnisse anderer reagieren, hat meist nur wenig mit Projektion zu tun. Wenn die Mutter in der Schwangerschaft ein Drama durchlebte, ist das Eins-Sein mit dem Schmerz anderer ein grundlegender Seinszustand, der ein Leben lang bestehen bleiben kann. Der Haus-zwölf-Betonte ist geprägt mitzuempfinden, er kann fremden Schmerz oft nicht von eigenem unterscheiden. Dies ist das Bewusstsein des Fischeprinzips: »Wir sind alle eins«. Es handelt sich also nicht um eine Projektion im klassischen Sinne, sondern um die Unfähigkeit zu unterscheiden. Allein diese Erkenntnis dürfte die Haltung und damit die Beziehung eines

---

32 Ebenda S. 211 f.

beratenden Astrologen zu seinem Haus-zwölf-Klienten grundlegend ändern. Anstatt einer lernunwilligen Person, die lieber in die Projektion geht, als sich etwas einzugestehen, haben wir das Opfer einer pränatalen Katastrophe vor uns, jemanden, der von den Emotionen seines Umfeldes überschüttet wurde und immer noch wird.

Die holländische Astrologin Karen M. Hamaker-Zondag hat dem zwölften Haus ein eigenes, sehr lesenswertes Buch gewidmet. In einer ihrer Kapitelüberschriften nennt sie diesen Bereich *ein unverstandenes Haus in unserer Kultur*. Da sie sich stark an C.G. Jung orientiert, sieht sie die Inhalte dieses Horoskopabschnittes vorrangig als Prägungen in der sehr frühen Kindheit. Sie vermutet, dass Kinder in der Zeit, bevor sich das eigene Bewusstsein ausbildet, die unausgesprochenen, verdrängten Themen der Eltern erspüren und im Unbewussten speichern. Allerdings notiert sie auch: *Kennzeichnend für die Ängste des 12. Hauses ist, daß ihnen ein konkreter Grund zu fehlen scheint. Für gewöhnlich sind sie nicht in den bewußten Erfahrungen des heranwachsenden Kindes verwurzelt.*[33]

Sobald wir die Prägungen des zwölften Hauses in der pränatalen Phase annehmen, brauchen wir sie nicht mehr im ersten Lebensjahr zu suchen. An anderer Stelle schreibt die Autorin dann auch von ihrem Verdacht, das zwölfte Haus könne mit der Schwangerschaft zusammenhängen: *Sie (ihre Kursteilnehmer, Anmerkung d. Verf.) bestätigten immer wieder meine Vermutung, daß das 12. Haus neben der mythischen Phase auch den letzten Teil der Schwangerschaft – vielleicht auch diese insgesamt – beschreibt. Und später: »Wenn wir also davon ausgehen, daß die Erfahrungen der letzten Monate im Mutterleib und damit auch die unbewußten Inhalte der Eltern, die unbewußte Umgebung usw. sich im 12. Haus widerspiegeln, können wir – mit aller Vorsicht – unterstellen, daß ein Horoskop schon vor der Geburt »funktioniert«.*[34]

In den anschießenden Deutungen der Konstellationen in zwölf sucht die Astrologin allerdings ausschließlich nach möglichen Beziehungen zur frühkindlichen Phase. Ganz offensichtlich hat die Treue

---

33 Karen M. Hamaker-Zondag. *Das 12. Haus. Die verborgene Kraft in unserem Horoskop*. 2. Auflage, Berlin 1997. Seite 19.

34 Ebenda S. 57.

gegenüber den Lehren Jungs hier wie auch bei anderen Autoren dazu geführt, die Möglichkeiten der Astrologie nicht voll auszuloten. Die Autorin ist ganz gewiss nicht die einzige, der das passiert, wir alle versuchen, das, was die Astrologie beschreibt, mit dem, was wir anderswo gelernt haben, in Einklang zu bringen. So sehr ich die Erkenntnisse und Lehren C.G. Jungs schätze, vor allem seinen Mut bewundere, eine Synthese von Astrologie und Psychologie zu erarbeiten und zu veröffentlichen, so sehr sehe ich eine gewisse Gefahr darin, eine psychologische oder weltanschauliche Denkrichtung über die Astrologie zu stellen.

Und es sind eben nicht überwiegend die unbewussten Inhalte der Eltern, die das Kind in der pränatalen Phase aufsaugt, sondern in erster Linie die bewussten Emotionen, Konflikte und Bedrohungen, unter denen die Mutter in der Schwangerschaft leidet. Ein Abtreibungsversuch, eine Vergewaltigung, ein Rausschmiss der werdenden Mutter von den Eltern sind keine unbewussten Inhalte. Unbewusst wirken sie im Kinde weiter.

Stephen Arroyo erwähnt im Zusammenhang mit dem zwölften Haus das Thema Hingabe an etwas Höheres: *Im Gegensatz dazu (Anm. d. Verf.: Er bezieht sich auf seine Beschreibung des achten Hauses.) enthüllt das zwölfte Haus Einflüsse, die ganz klar und vollständig außerhalb unserer Kontrolle liegen. Dem Menschen ist oft klar, daß er oder sie ihr inneres Sehnen durch keinerlei gewöhnliche Aktivität befriedigen kann, obwohl vielleicht die Entwicklung dieser Klarheit Jahre des Leidens braucht. Das Sehnen nach emotionalem Frieden, das man im achten Haus findet, ist immer noch anwesend, aber hier ist es mit einem Bewußtsein des Bedürfnisses nach endgültigem Seelenfrieden gemischt. Planeten im zwölften Haus im Geburtshoroskop symbolisieren Kräfte, die uns oft überwältigen und mit denen man nur dadurch effektiv umgehen kann, daß man diese Energie auf ein Ideal ausrichtet, das uns innerlich in Richtung auf größere Selbst-Kenntnis und auf die Ergebenheit in die Einheit aller Dinge anregt, und nach außen in Richtung auf mehr Großzügigkeit im Geist und im Dienst.*[35]

---

35 Stephen Arroyo. *Astrologie, Karma und Transformation. Über die Chancen schwieriger Aspekte.* 2. Auflage, München, 1997. S. 45 f.

Die völlige Ausrichtung auf ein Ideal findet man gelegentlich bei Menschen mit betontem zwölftem Haus, allerdings eher in der Literatur als in der eigenen Beratungspraxis. Künstler, die sich ihrem kreativen Schaffen hingeben, Menschen, die ins Kloster gehen, Ärzte, die ihre Erfüllung im selbstlosen Dienst an den Benachteiligten in der dritten Welt finden, leben das eine Extrem eines Haus-zwölf-Themas. Jede Prägung in diesem Bereich hat immer auch mit Hingabe zu tun, doch wer astrologischen oder psychologischen Rat sucht, erhofft sich, die eigene Situation wenigstens halbwegs in den Griff zu bekommen und erwartet nicht, Hinweise auf die Möglichkeit lebenslanger Selbstaufgabe zu erhalten. Wenn wir nicht um diese Dimension der Prägung wissen, ist die von Arroyo beschriebene Hingabe an ein Ideal vielleicht die einzige Möglichkeit, den Schmerz der ursprünglichen Erfahrung zu transformieren. Alle Wunden aber wollen und können ausheilen, auch die der pränatalen Zeit. Abschließend noch einmal einige Aussagen von Howard Sasportas zum zwölften Haus: *Was uns nicht bewußt ist oder was wir uns weigern, bewußt wahrzunehmen, wird im zwölften Haus »aufbewahrt«, man kann sogar sagen »gefangengehalten«.*[36]

Wie bereits erwähnt, geht es bei den Themen im zwölften Haus nicht um verdrängte Inhalte, sondern um die Unmöglichkeit, Erfahrungen aus der vorsprachlichen, aus der zellulären Zeit, überhaupt zu erinnern.

Freud, Jung, Piaget, Klein und eine ganze Reihe anderer moderner Psychologen stimmen darüber überein, daß die Bewußseinsstruktur des Neugeborenen noch nicht zwischen Subjekt und Objekt unterscheidet und weder Grenzen, Raum noch Zeit kennt.[37] Für das Ungeborene sieht die Situation nicht anders aus.

---

[36] Howard Sasportas. *Uranus, Neptun und Pluto im Transit. Götter des Wandels.* Tübingen 2005, Seite 129.

[37] Howard Sasportas. *Astrologische Häuser und Aszendenten*, Seite 134.

Der Offenheits-Schock

Die menschliche Seele wird bereits in der pränatalen Phase geprägt, manchmal auf sanfte, manchmal auf dramatische Weise. Eine Prägung findet in diesem Abschnitt immer statt. Astrologisch spiegelt sich diese in den Planeten des zwölften Hauses, in den Aspekten des Zeichenherrschers an der Spitze, in Aspekten auf die Hausspitze und im Zeichen an der Spitze selbst. In meiner Untersuchung stieß ich gelegentlich auf Hinweise zur Bedeutung des Zeichens an der Spitze. Ich habe diese nicht weiter erforscht, da es hier um eine neutrale Energieform geht, die nicht mit irgendeiner Art von Trauma in Verbindung gebracht werden kann.

Alle genannten Faktoren zeigen, wie die Schwangerschaft *gefärbt* war. Angelegenheiten, die die Spitze des zwölften Hauses betreffen, auch die Verbindungen des herrschenden Prinzips, weisen aber vor allem auf die Umstände um die Empfängnis herum. *Die Spitze von zwölf stellt den Zeugungspunkt dar.* Die Schwangerschaft beginnt an diesem Punkt und endet am Aszendenten mit der Geburt. Der Raum dazwischen bildet normalerweise eine Zeitspanne von neun Monaten ab. Je nachdem, wo sich ein Planet in zwölf befindet, lässt sich in etwa feststellen, wann das entsprechende Prinzip zur Wirkung kam.

Bei einem Kind z.B., das unter unerklärlichen Ängsten leidet, befinden sich Jupiter am Beginn und Neptun im letzten Drittel des zwölften Hauses. Die Mutter berichtet, dass es sich von der Empfängnis an um ein Wunschkind handelte, besonders, da sie im Jahr davor eine Fehlgeburt hatte. Gegen Ende der Schwangerschaft litt die Mutter unter Depressionen und der Angst vor einer erneuten Fehlgeburt. Ihre Tochter zieht sich sehr in sich zurück und soll ungewöhnlich stark auf die Stimmungen der Mutter reagieren, was diese als *fast hellsichtig* bezeichnet.

Ich halte es für wahrscheinlich, dass sich der zeitliche Ablauf der Schwangerschaft genauer bestimmen lässt – wir könnten das Haus in neun Abschnitte unterteilen und die einzelnen Monate untersuchen – eine Notwendigkeit für die praktische Arbeit sehe ich dafür nicht. Analog zum Begriff des Geburtsherrschers verwende ich den Begriff »Zeugungsherrscher« für das regierende Prinzip an der Spitze des zwölften Hauses.

Jeder Planet im zwölften Haus beschreibt eine starke Prägung in der vorgeburtlichen Zeit. Die schwierigen Prinzipien kennzeichnen ein Trauma, und zwar immer. Selbst die freundlichen Planeten wie Venus oder Jupiter weisen neben allen erfreulichen Tendenzen auf eine übertrieben starke Bindung an diese Entwicklungsphase, die der Betreffende später auf seine eigene Weise lösen muss. Merkur, Venus und Jupiter mögen sich weniger destruktiv bemerkbar machen, doch auch sie zeigen Verwicklungen an. Oft besteht hier eine übermäßige Fixierung seitens der werdenden Mutter auf die Schwangerschaft; im Falle Jupiters wird die Schwangerschaft manchmal als Erlösung erlebt, mit der Tendenz, sich von der Außenwelt abzukapseln, manchmal als Befreiung von beengenden familiären Verhältnissen.

Wir haben es mit dem Fische-Haus zu tun, was wir übrigens als astrologischen Nachweis dafür betrachten dürfen, dass der Embryo nicht von der Außenwelt isoliert ist, sondern verbunden ist mit dem Ganzen: mit den Lebensumständen der Mutter, mit ihren Stimmungen und Ängsten, mit den familiären Verhältnissen, vielleicht sogar mit den gesellschaftlichen Stimmungen zu der Zeit.

Ein Planet im zwölften Haus ist sozusagen im Ungeborenen gebunden und wird so lange für Unruhe sorgen, bis wir ihn aus eigener Anstrengung ans Licht geholt haben. Da dieser Planet technisch gesehen natürlich immer dort bleiben wird, bleibt dies ein lebenslanger Prozess, nur gibt es in diesem Prozess zunächst eine unbewusste, später eine mehr oder weniger bewusste Phase des Umgangs mit diesem Thema, wie wir noch sehen werden. Themen im zwölften Haus binden an die emotionale Lage der Mutter, aber oft auch an die des Vaters zu der Zeit.

Manchmal brauchen wir Jahre, um eine schmerzhafte Erfahrung zu verarbeiten. Erlebt die werdende Mutter etwas, das sie nicht verarbeiten kann, entlässt sie das Kind mit dieser Thematik ins Leben. Ihr ganzes energetisches System ist auf die Lösung oder Verdrängung des Problems ausgerichtet, das System des Kindes ist davon nicht getrennt. Erlebt der ungeborene Mensch die Lösung nicht mehr, wird er sie Zeit seines Lebens suchen, normalerweise ohne dies zu ahnen. Er ist sozusagen im Prozess des Lösens steckengeblieben.

Ein nicht verarbeitetes Trauma in der pränatalen Phase bringt oft das mit sich, was ich als *Offenheits-Schock* bezeichne. Überwältigende Stimmungen als erster prägender Eindruck des Lebens – dies erklärt die Schwierigkeit vieler Menschen mit einer Betonung des zwölften Hauses, zwischen eigenen und fremden Bedürfnissen zu unterscheiden, sich gegen das Leiden anderer abzugrenzen. Die Verunsicherung, Verwirrung und Intuition (Einstimmung auf die Gefühle anderer) von Menschen, deren zwölftes Haus betont ist, lässt sich dadurch erklären, dass sie während der Schwangerschaft übermäßig von Gefühlen und Verwicklungen der Mutter überschwemmt wurden.

Die extreme Intuition vieler Haus-zwölf-Betonter rührt daher, dass sie *Antennen* entwickeln mussten, weil das Leben von Anfang an eine bedrohliche Komponente hatte. Ihr starkes Rückzugbedürfnis resultiert daraus, dass sie von den Stimmungen, manchmal sogar den Gedanken anderer überschwemmt werden und nur im Alleinsein wieder zu sich finden. Eine Tendenz des Schicksals, diese Menschen manchmal mit Anstalten zu konfrontieren, besteht dann, wenn dieses Rückzugbedürfnis nicht wahr- oder ernst genommen wird. Ich kenne eine Person mit einer Jupiter-Saturn-Konjunktion im zwölften Haus, die von sich sagt, dass ein früherer Gefängnisaufenthalt zu den wichtigsten und besten Erfahrungen ihres Lebens gehörte und eine Art Erleuchtungserfahrung mit sich brachte.

Eine starke Belegung von Haus zwölf – und es reicht, wenn Sonne oder Mond sich darin befinden – bringt so gut wie immer das Unvermögen mit sich, ein klares Gefühl für das »Ich bin« und »Ich will« zu entwickeln. Dies resultiert nicht etwa aus einem weniger ausgeprägten *Ego*, sondern aus dem Unvermögen, zwischen den eigenen Gefühlen und Bedürfnissen und denen anderer zu trennen.

Wie wir bereits hier sehen, geht die Kenntnis der Astrologie um diese Zusammenhänge sehr viel weiter als alles, was bisher vonseiten der Wissenschaft herausgefunden wurde. Doch das pränatale Erleben kann einen noch deutlich schwerwiegenderen Einfluss auf das Schicksal eines erwachsenen Menschen haben, wie wir später sehen werden.

Zu meiner Vorgehensweise

Vor etwa 20 Jahren fand ich erste Hinweise darauf, dass es einen Zusammenhang zwischen Belegungen des zwölften Hauses und vorgeburtlichen Themen geben könne. Mehrere Klienten mit Krisenplaneten in diesem Bereich wussten von dramatischen pränatalen Ereignissen zu berichten. Seitdem frage ich bei auffallenden Haus-zwölf-Betonungen nach, ob die Betreffenden Kenntnisse über diese Lebensphase haben. Einige Zeit später gab es kurz nacheinander zwei Rückmeldungen, die mich motivierten, mich intensiver mit dem Thema zu befassen – die Mütter zweier Klienten bestätigten im Nachhinein die Vermutungen, die ich in den Beratungsgesprächen geäußert hatte.

Lange Zeit habe ich nur Sonne, Mond und die langsam laufenden Planeten (Saturn bis Pluto) im zwölften Haus beachtet und nur dann Aufzeichnungen gemacht, wenn es sich um besonders aussagekräftige Fallbeispiele handelte. Erst vor einigen Jahren bin ich dazu übergegangen, alle Rückmeldungen zum Thema schriftlich festzuhalten. In vielen Fällen, in denen ein vorgeburtliches Trauma zu vermuten ist, lässt sich dies natürlich nicht nachprüfen, da die Betreffenden keine Kenntnisse über die Ereignisse in dieser Phase haben. Um Material für dieses Buch zu sammeln, habe ich an etwa 1000 astrologisch Interessierte das Angebot geschickt, sich mit der eigenen Fallgeschichte an meiner Untersuchung zu beteiligen.

Über 50 Personen nahmen dieses Angebot wahr. In den meisten Fällen wurde das Horoskop der Mutter mit untersucht, in vielen auch die Horoskope beider Eltern und die der Kinder, in manchen außerdem die von Großeltern und Urgroßeltern. Die meisten dieser Rückmeldungen kamen von Menschen, die gute Kenntnisse über die Lebenssituation ihrer Eltern während der damaligen Zeit hatten (ein Punkt, um den ich in meinem Aufruf gebeten hatte) oder von Müttern, mit denen ich die Horoskope ihrer Kinder besprach, und die sich gut an die Zeit ihrer Schwangerschaft mit ihnen erinnern konnten. Es meldeten sich überwiegend Frauen und nur einige wenige Männer. Das Verhältnis von Frauen zu Männern in meiner Beratungspraxis fällt sonst etwa vier zu eins aus.

Ich wollte mit dieser gezielten Untersuchung auch herausfinden, ob es Fälle vorgeburtlicher Traumatisierung gibt, die keine Beziehung zum zwölften Haus aufweisen. Einen solchen Fall habe ich bisher nicht gefunden; ich schließe diese Möglichkeit allerdings nicht aus. In jedem Lebenslauf, in dem von einer schwierigen Situation in der Schwangerschaft berichtet wurde, konnte ein Zusammenhang mit den Konstellationen Haus zwölf betreffend festgestellt werden. Auch die Auswirkung einer pränatalen Traumatisierung auf das spätere Leben war in jedem Fall entweder bereits erkannt worden oder konnte im Gespräch schlüssig aufgezeigt werden.

Ich arbeite mit den GOH- (Koch-) Häusern, normalerweise mit einem Orbis von fünf Grad, wobei die Fallgeschichte oft eher darauf hinweist, ob ein Aspekt vom Thema her vorliegt als die Wahl des Orbis. In den aufgeführten Grafiken sind mit wenigen Ausnahmen nur die Planeten abgebildet, die die Haus-zwölf-Thematik betreffen.

Ich benutzte für diese Untersuchung nur die Stellungen der Sonne, des Mondes und der Planeten, auch wenn ich anderen Faktoren, wie beispielsweise Chiron im zwölften Haus; nicht generell eine mögliche Bedeutung hinsichtlich vorgeburtlicher Prägung absprechen möchte.

Wir sollten allerdings bedenken, dass allein bei der Verwendung dieser zehn Himmelskörper zwar etwa eine halbe Milliarde möglicher Verteilungen in den Häusern existiert, dass aber etwa zwei Drittel von diesen mindestens einen Planeten im zwölften Haus liegen haben (wenn Sie nachrechnen wollen, bedenken Sie bitte, dass Merkur nie weit entfernt von der Sonne steht und Neptun und Pluto aufgrund ihres »aktuellen« Abstandes nur in sehr seltenen Fällen gleichzeitig in zwölf stehen können).

Das heißt: Bei zwei von drei Menschen findet sich ein Thema, das an die pränatale Phase bindet. Die Idee, dass jeder mit einer Haus-zwölf-Belegung besonders empfindsam, besonders ängstlich oder besonders aufopfernd sein müsse, ist also nicht haltbar, wenn die Gruppe der (möglicherweise) nicht so Empfindsamen deutlich kleiner ist. Eine sehr verbreitete Eigenschaft ist kein spezielles Merkmal. Ich gehe davon aus, dass ein vorgeburtliches Trauma vorliegt, wenn sich einer der Krisenplaneten in zwölf befindet oder wenn eines dieser Prinzipien die Hausspitze oder den Herrscher von zwölf kritisch aspektiert.

In den Gesprächen ist es tatsächlich deutlich seltener möglich gewesen, eine Venus oder einen Merkur im zwölften Haus auf eine vorgeburtliche Situation zu beziehen als dies bei den Langsamläufern der Fall war.

Fallgeschichten

Sei nicht so traurig, sonst kommt dein Kind traurig auf die Welt.[38]

Bevor ich auf einzelne Themen eingehe, möchte ich die drei verschiedenen astrologischen Ebenen aufzeigen, die eine schwerwiegende vorgeburtliche Prägung anzeigen können. Ist man nicht gewohnt, mit dieser Thematik zu arbeiten, kann es anfangs leicht zu Verwirrungen beim Lesen der Fallgeschichten kommen. Wenn ich mich auf ein Horoskop beziehe und von der Mutter der Klientin oder des Klienten spreche, hat dies nichts mit dem Horoskop der Mutter zu tun. Oder, um es klarer zu sagen: Schwierige Planeten im zwölften Haus des Klienten zeigen eine schwierige Situation der Mutter des Klienten während der Schwangerschaft.

Ebene 1: Planeten im zwölften Haus

In Horoskop 1 befinden sich ausgehend von der Spitze Uranus, Venus, Neptun und Saturn in zwölf. Alle diese Prinzipien stehen für Erfahrungen der werdenden Mutter, die die Seele des Kindes prägen. Wie erwähnt, deutet eine Abfolge von Planeten darauf, wann welche Erfahrung dominierte. Befindet sich nur ein Prinzip im zwölften Haus, ist dies der stärkste prägende Eindruck in der pränatalen Zeit. Das heißt allerdings nicht, dass die betreffende Stimmung in der gesamten Schwan-

---

38 Meine ostpreußische Großmutter zu ihrer schwangeren Schwiegertochter, Mitte der 1960er.

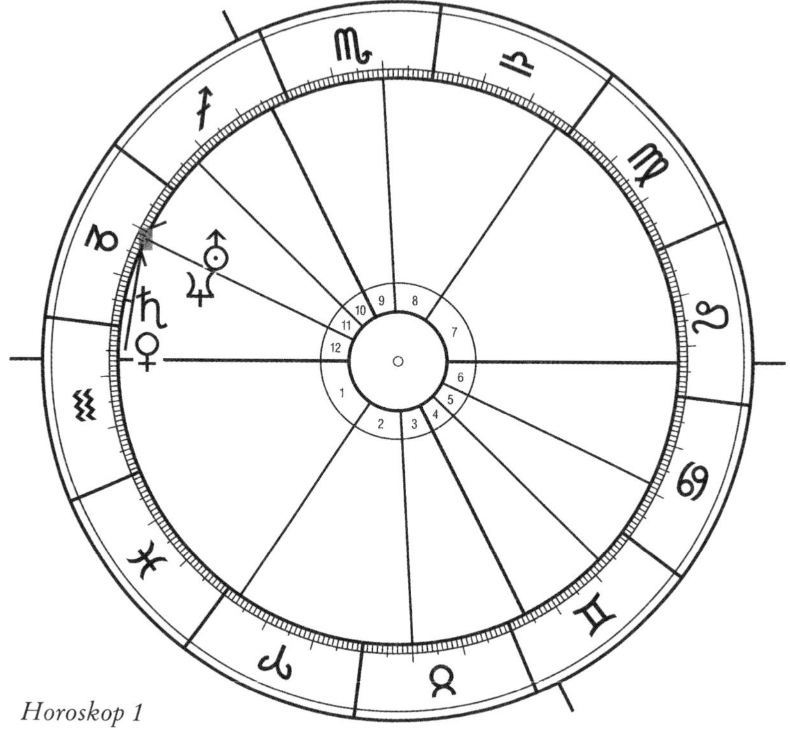

Horoskop 1

gerschaft vorherrschte (niemand ist neun Monate lang geschockt, tief verunsichert oder wütend), sondern in einem bestimmten Abschnitt. In diesem Fall handelt es sich um das Horoskop einer jungen Frau, deren Mutter mir berichtete, dass sie zu Beginn der Schwangerschaft schockiert war (Uranus), da sie keine feste Partnerschaft mit dem Mann wollte (Venus/Uranus). Kurz darauf wurde ihr klar, dass sie das Kind will (Venus), anschließend war sie stark verunsichert (Neptun), vor allem im Hinblick auf die Finanzen (Venus/Uranus/Neptun) und die Beziehung (gleiches Thema). Sie hat während der Schwangerschaft viel und hart gearbeitet (Saturn) und hatte am Schluss starke Angst vor der Geburt (Saturn). Die Tochter hat nach Aussage ihrer Mutter einen ausgeprägten Drang, anderen zu helfen (Mitgefühl: Venus/Neptun, tatkräftig: Saturn) und immer wieder das Bedürfnis, sich sehr zurückzuziehen (starke Betonung von zwölf).

Ebene 2: Aspekte auf den Herrscher des zwölften Hauses

In dieser Beratung (Horoskop 2) hatte ich keine Fragen zur vorgeburtlichen Situation gestellt, da ich dies zu der damaligen Zeit nur machte, wenn sich Planeten im zwölften Haus befanden, was hier nicht der Fall ist. Die Klientin kam von sich aus auf das Thema zu sprechen, da ihr bewusst war, wie sich die Ereignisse während der pränatalen Phase

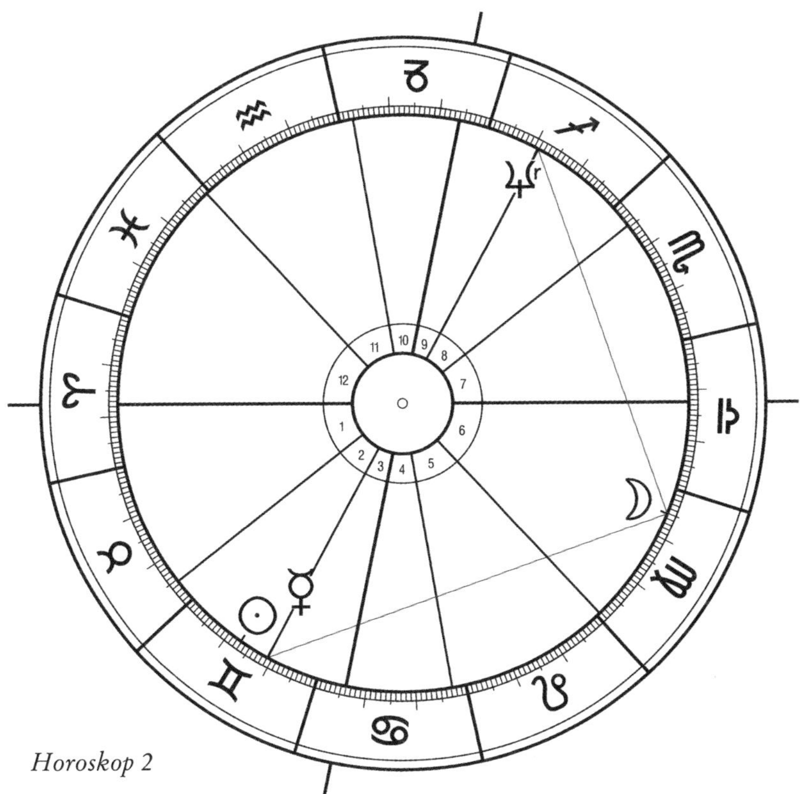

Horoskop 2

auf ihr Leben auswirkten. Neptun als Herrscher des zwölften Hauses steht in Opposition zu Sonne und Merkur (Letzteres gradgenau) und im Quadrat zum Mond im sechsten Haus. Das Sonne-Mond-Quadrat weist bereits auf einen Konflikt zwischen den Eltern beziehungsweise auf deren Unvereinbarkeit während der damaligen Zeit. Die Mutter hatte dem Vater gegenüber die Schwangerschaft nicht nur verheimlicht, sondern ihn diesbezüglich gezielt angelogen (Merkur/Neptun), da der Vater kein Kind wollte. Während der Schwangerschaft war der Mutter ständig übel, sie hatte verschiedene Lebensmittelallergien und machte sich generell viele Sorgen. Die junge Frau leidet ebenfalls unter verschiedenen Lebensmittelunverträglichkeiten und unter der ausgeprägten Neigung, sich Sorgen zu machen. Sowohl die Neigung zu Allergien als auch die zu übertriebenen Sorgen passen thematisch zum Jungfrau-Mond in Spannung mit Merkur und Neptun.

Ebene 3: Schwierige Aspekte auf die Spitze des zwölften Hauses

In diesem Fall (Horoskop 3) wurde die Mutter sehr jung ungewollt schwanger und litt stark unter Schuld- und Schamgefühlen. Es handelt sich um eine Teenager-Schwangerschaft Ende der 1950er-Jahre in einem kleinen katholischen Dorf in Osteuropa. Die Situation der werdenden Mutter wurde dort allgemein als Schande empfunden. Darüber hinaus war der Partner der werdenden Mutter gewalttätig. Es befinden sich weder Planeten in zwölf noch gibt es schwierige Verbindungen des herrschenden Prinzips. Sonne-Pluto auf der MC-IC-Achse steht allerdings im Quadrat zur Spitze von zwölf und gibt die Dramatik der Situation stimmig wider. Selbstverständlich würden wir den gewalttätigen Vater der Betreffenden und die plutonische Familiensituation ohnehin aus dem Horoskop ableiten. Die Bedeutung der Erfahrungen in der Schwangerschaft könnte dabei leicht übersehen werden. In der Aufarbeitung seelischer Verletzungen macht es allerdings einen gravierenden Unterschied, ob wir uns auf die Kindheit konzentrieren (in der der Vater natürlich kein anderer war) oder auf die vorgeburtliche Zeit.

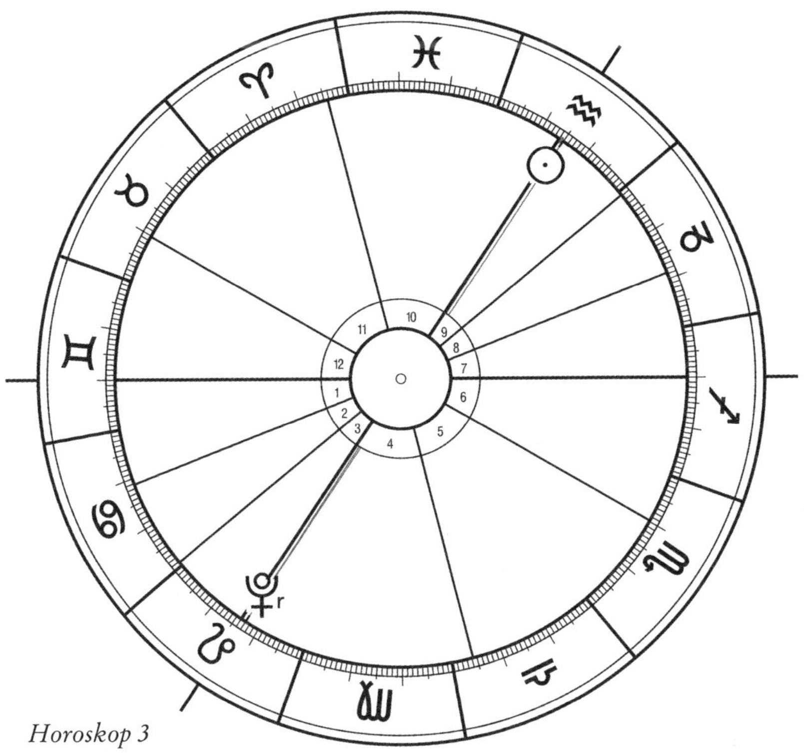

Horoskop 3

In meiner Fallsammlung zu pränatalen Traumen gibt es nur zwei Beispiele in dieser Kategorie, die nicht die Konjunktion mit der Spitze von zwölf betreffen. Dies liegt daran, dass ich erst in meiner kürzlich vorgenommenen Auswertung der ca. 50 erwähnten Interviews auf diese Möglichkeit gestoßen bin.

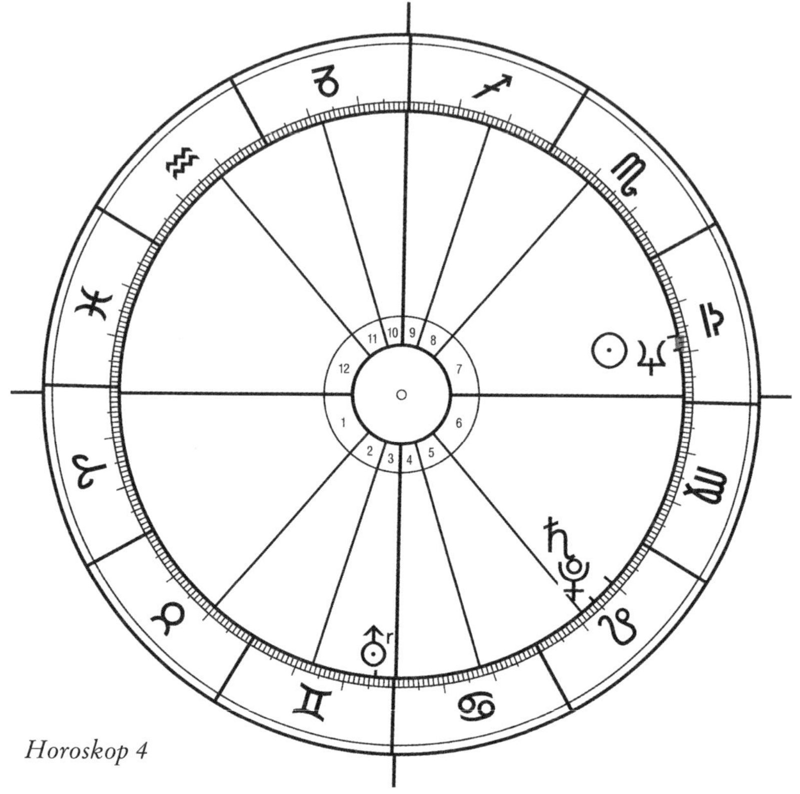

Horoskop 4

Weitere Beispiele pränataler Traumatisierung ohne Planeten im zwölften Haus

Es gibt keinen Planeten darin und doch haben hier alle vier schwierigen Prinzipien eine Beziehung zum zwölften Haus (Horoskop 4). Durch das eingeschlossene Zeichen sind Uranus und Neptun Herrscher über diesen Bereich, Saturn und Pluto stehen dem Zeugungspunkt gegenüber. Die Mutter war noch verheiratet mit einem Mann, der im Krieg gefallenen war. Sie war von diesem schon einmal schwanger gewesen; hatte aber eine Fehlgeburt gehabt. In der neuen Schwangerschaft hatte sie Angst, sie könne ihr Kind wieder verlieren, außerdem wurde sie aufgrund der unehelichen Beziehung von der Familie ihres Partners verstoßen (Zeugungsherrscher Uranus am IC). Bereits von der Familie ihres ersten Mannes wurde sie als Schwiegertochter nicht akzeptiert.

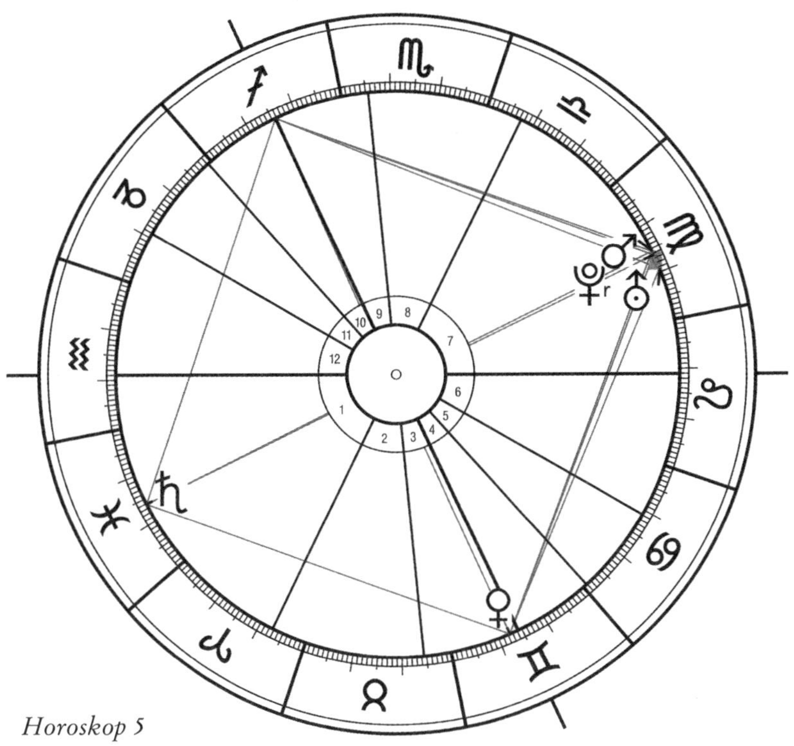

Horoskop 5

Auch bei dem nächsten Fall gibt es keinen Planeten im zwölften Haus (Horoskop 5), doch die Aspekte auf Zeugungsherrscher Saturn könnten nicht angespannter sein. Die Mutter wurde Mitte der 1960er mit 16 Jahren schwanger, ihr Vater ist »ausgerastet« und hat ihr in den Bauch getreten, weil er die Schwangerschaft nicht wollte.

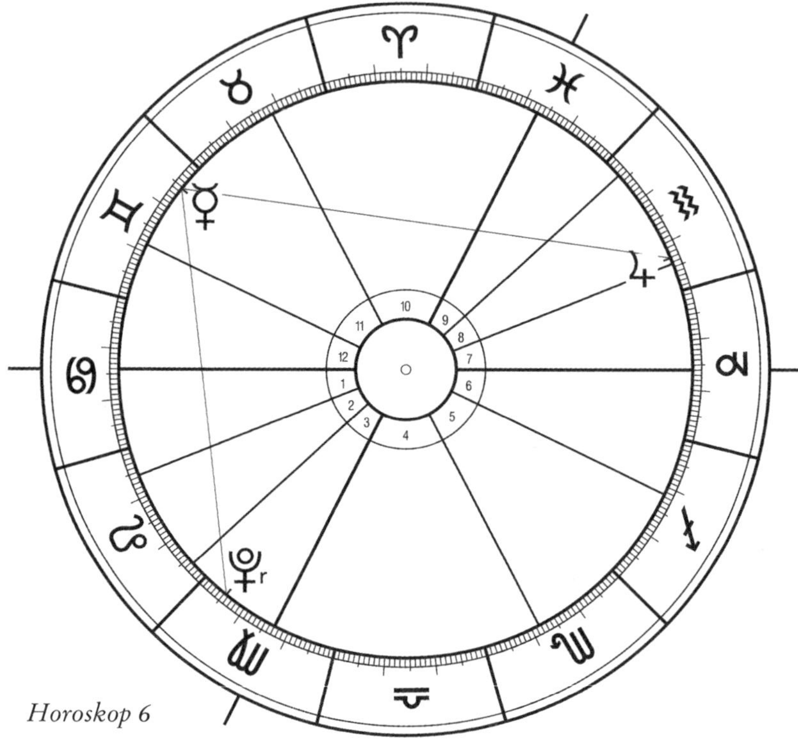

Horoskop 6

Keine Planeten in Haus zwölf, Zeugungsherrscher Merkur im Quadrat zu Pluto und im Trigon mit Jupiter (Horoskop 6). Die Mutter wurde von einem One-Night-Stand mit einer »Partybekanntschaft« schwanger (Merkur/Jupiter), war sehr erschüttert und auf sich gestellt in der Schwangerschaft. Sie hatte niemanden zum Reden (Merkur Quadrat Pluto), Deswegen hat sie sehr viel mit ihrem werdenden Kind geredet und ihm immer wieder gesagt: »Wir werden das überleben« (Merkur Trigon Jupiter). Die Interviewpartnerin bezeichnet sich als stark intuitiv, ist im Konflikt damit, Sprache und Intuition zu verbinden (»wie soll man das in Worte fassen?«). Sie hatte lange Zeit Angst vor der Dunkelheit und vor dem Unsichtbaren und sich durch Gebete und ihren Glauben davon befreit. Sie redet selbst viel mit der eigenen Seele, dieser Zusammenhang mit der Situation der Mutter in der pränatalen Zeit wurde ihr erst im Interview bewusst.

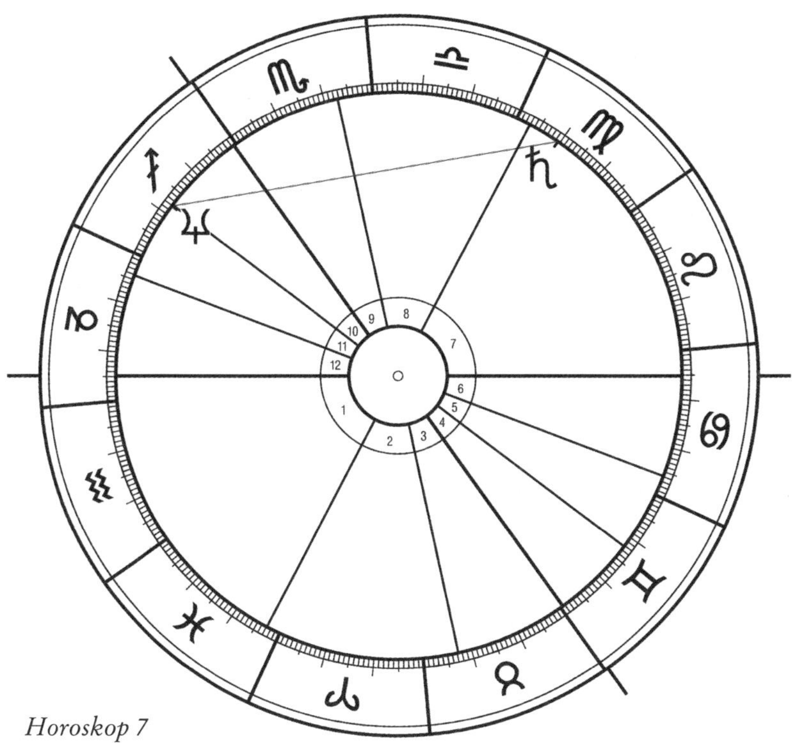

Horoskop 7

Saturn im achten Haus ist in diesem Horoskop sowohl Zeugungs- als auch Geburtsherrscher und steht im Quadrat zu Neptun (Horoskop 7). Die Zeit um die Empfängnis war von Verwirrung gekennzeichnet, Schwangerschaft und Geburt verliefen lebensbedrohlich. Das Kind wurde nach einer Trennungsphase gezeugt, das Paar war zuvor neun Jahre zusammen gewesen und die Mutter ist nie schwanger geworden. Die erste erneute Begegnung nach der Trennung führte sofort zur Schwangerschaft. Deswegen hat der Vater die Mutter beschuldigt, dass das Kind nicht von ihm sei und hat sie bis zum fünften Monat allein gelassen. Die Mutter litt unter starker Melancholie und ab Mitte der Schwangerschaft unter großer Erschöpfung. Zu der Zeit bildete in ihrem Horoskop Neptun das Quadrat auf Saturn. Es kam zu schweren Komplikationen und die Mutter musste behandelt werden, um das Kind nicht zu verlieren. Während der Geburt wäre sie fast gestorben. Die Tochter, zu der dieses Horoskop gehört, ist stark melancholisch und hatte eine durch Drogen ausgelöste Psychose, als Neptun aus dem zwölften Haus trat und ihren Aszendenten überquerte.

Überraschung!

Eingangs erwähnte ich eine Studie, nach der 60 % aller Schwangerschaften in unserem Kulturkreis ungewollt eintreten. Das heißt natürlich nicht, dass 60 % von uns unter einem pränatalen Trauma leiden. In den meisten Fällen arrangieren sich die Eltern oder zumindest die Mutter mit der Situation, manchmal pragmatisch, manchmal wird aus einem schockierenden Ereignis das größte Glück des Lebens. Wenn die Erkenntnis, schwanger zu sein, für die Mutter einen traumatischen Schock mit sich brachte, muss sich diese Erfahrung am Zeugungspunkt, also an der Spitze des zwölften Hauses, oder kurz danach abzeichnen. Auch weniger dramatische Umstände, die dennoch prägend sind, lassen sich dort ablesen. Ein Beispiel mit Uranus an der Spitze von zwölf wurde schon erwähnt (Horoskop 1, Seite 50). Die Erkenntnis, schwanger zu sein, war nach eigenen Aussagen »ein Schock« für die werdende Mutter.

Bei diesem Fall (Horoskop 8) weist Neptun kurz nach dem Zeugungspunkt auf eine Verunsicherung oder Täuschung. Pluto als Herrscher von zwölf in enger Konjunktion zu Mars und Uranus mit der Opposition zur Sonne lässt außerdem einen heftigen Konflikt erkennen, sehr wahrscheinlich eine harte Konfrontation mit dem Partner oder einem anderen Mann. Eine Schwangerschaft Mitte der

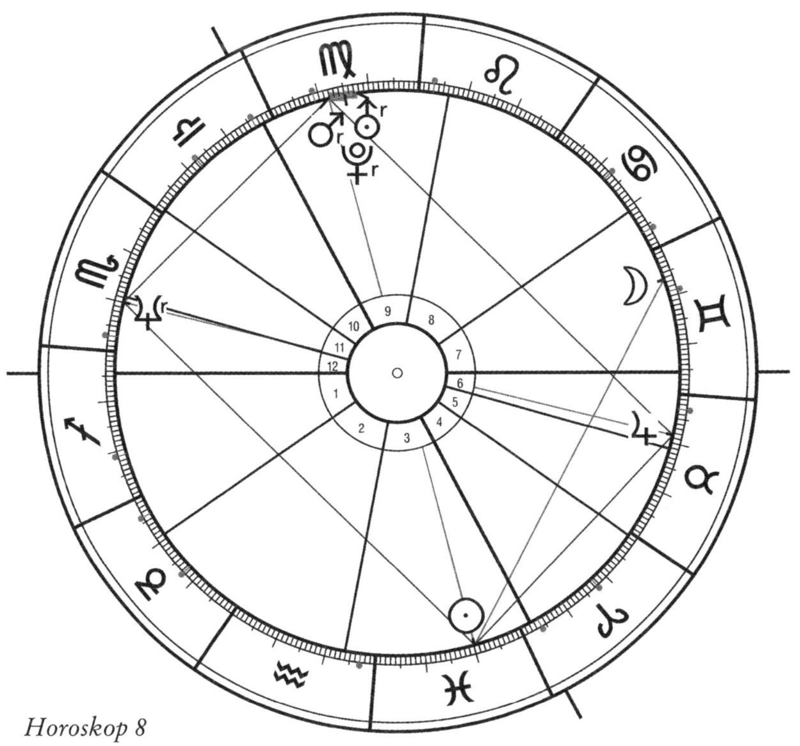

Horoskop 8

1960er in Deutschland: Die junge werdende Mutter lebte noch bei ihren Eltern und wurde unehelich schwanger mit einem Ausländer, der in die Heimat (Iran) zurück wollte. Zur allgemeinen Verunsicherung über die Schwangerschaft und den Partner, der nicht in Deutschland bleiben wollte (Neptun-Jupiter), kam, dass die junge Frau von ihren Eltern rausgeschmissen wurde. Pluto mit Sonne, Mars und Uranus zeigt, dass die werdende Mutter auf dramatische Weise in eine neue Lebenssituation katapultiert wurde. Wenn beide männlichen Prinzipien an einer vorgeburtlichen Konfliktkonstellation beteiligt sind, stößt man manchmal auf zwei Männer, die damals eine Rolle spielten. In diesem Fall sind es der Vater und der Partner, die sich hier auch feindlich gegenüber stehen, was die Opposition von Sonne und Mars zeigt.

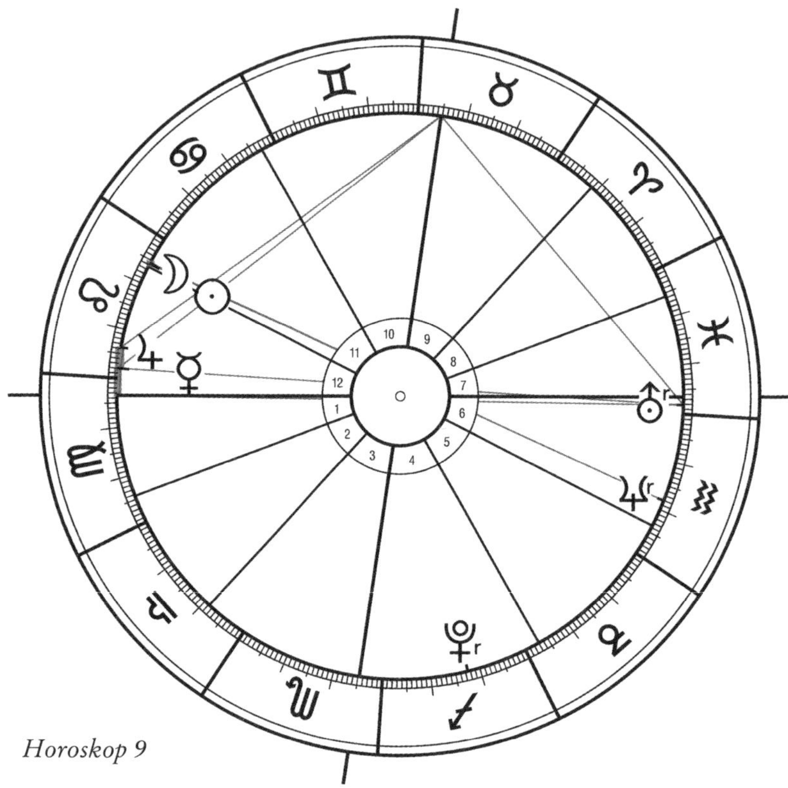

Horoskop 9

Vier freundliche Prinzipien im zwölften Haus (Horoskop 9). Eine »märchenhafte Schwangerschaft«. Die Mutter bezeichnet die Zeit im Nachhinein als »sorglos, unbelastet« und schreibt: »Es war dieser dümmlich-naive Zustand, aus dem ich ja dann etwa ein Jahr später erwachte.« Zu Beginn der Schwangerschaft fühlte sie sich noch tief verbunden mit ihrem Mann. Der allerdings war Spieler und hat sie in der Zeit bezüglich der Finanzen betrogen. In den letzten Monaten vor der Geburt war sie außerdem viel mit sich allein. Die Sonne-Mond-Konjunktion an der Spitze von Haus zwölf spiegelt die Verbundenheit mit dem Partner, die Neptunopposition das Thema Täuschung. Auch wenn dies eine Wunschschwangerschaft war (Jupiter), wurde der werdenden Mutter das Alleinsein am Ende zu viel. Sie erwähnt, dass sie sich auf niemanden beziehen konnte, außer auf ihr Kind. Merkur-Jupiter im letzten Drittel deutet auf die nach innen gerichtete Kommunikation hin. Die Mutter berichtet, dass sie viel mit ihrem Kind gesprochen habe, da sie sonst fast niemanden zum Kommunizieren gehabt hätte.

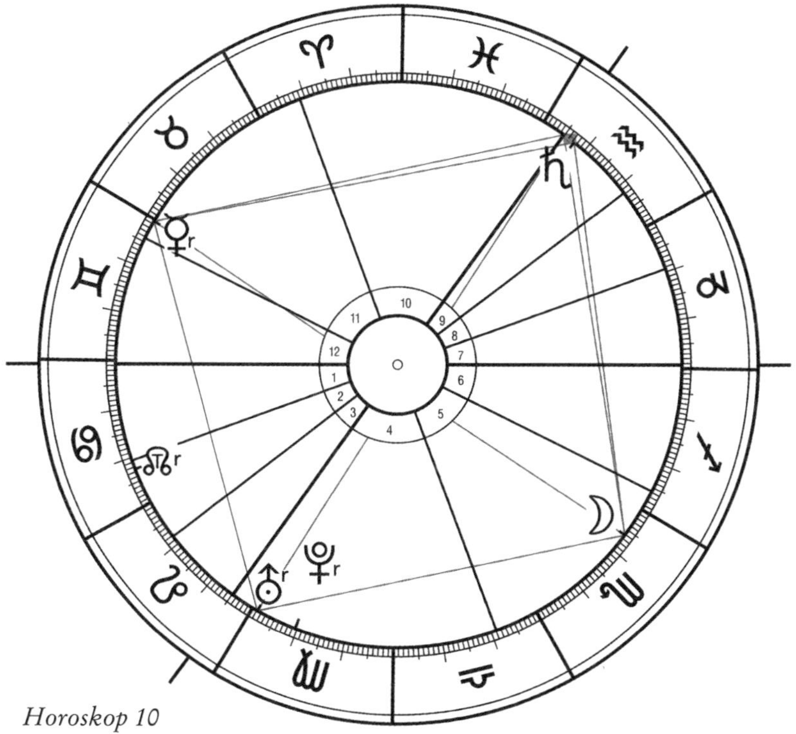

Horoskop 10

Hier hatte die Mutter wenige Monate zuvor ihr erstes Kind einige Tage nach dessen Geburt verloren und war unerwartet erneut schwanger geworden (Horoskop 10). Merkur, das Symbol für das oder die Geschwister an der Spitze von zwölf, im Spannungsquadrat mit Mond, Uranus und Saturn dürfte die emotionale Lage der Mutter gut beschreiben, hin- und hergerissen zwischen dem Verlust (Saturn) und dem überraschenden Neuanfang (Uranus).

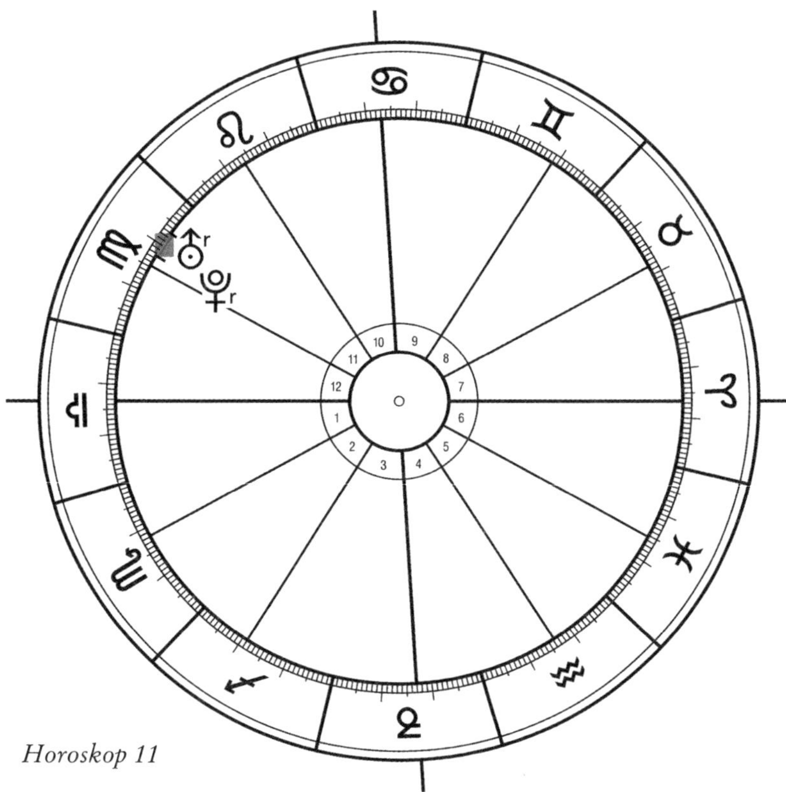

Horoskop 11

Als der Vater der werdenden Mutter von der Schwangerschaft erfuhr (Horoskop 11), »wollte er mit dem Knüppel auf sie los«. Die Mutter hatte während der Schwangerschaft große Angst. Die Betreffende hat immer vermutet, dass sich diese Angst auf sie übertragen hat. Siehe auch Seite 82.

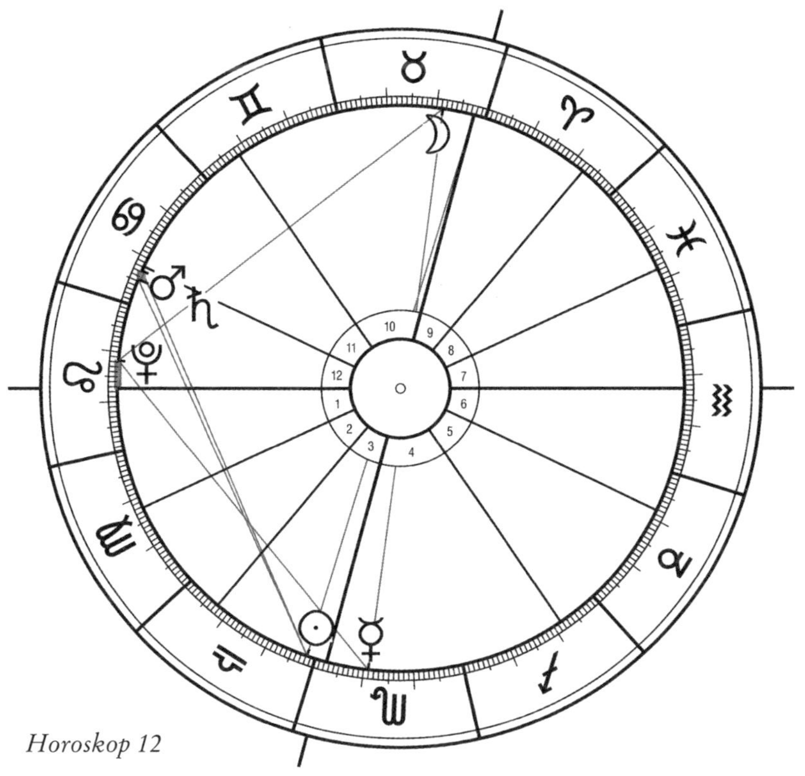

Horoskop 12

Mars/Saturn steht im Quadrat zur Sonne am Zeugungspunkt (Horoskop 12). Es mögen familiäre Themen mit einfließen, der Betreffende spricht davon, dass die Eltern immer viel gestritten haben. Gezeugt wurde er während der Bombenangriffe der Amerikaner auf die Kleinstadt in der Tschechoslowakei, in der seine Eltern lebten. Im Monat seiner Zeugung gab es über 20-mal Fliegeralarm und einige Bombardements um den Ort herum (siehe auch Seite 157).

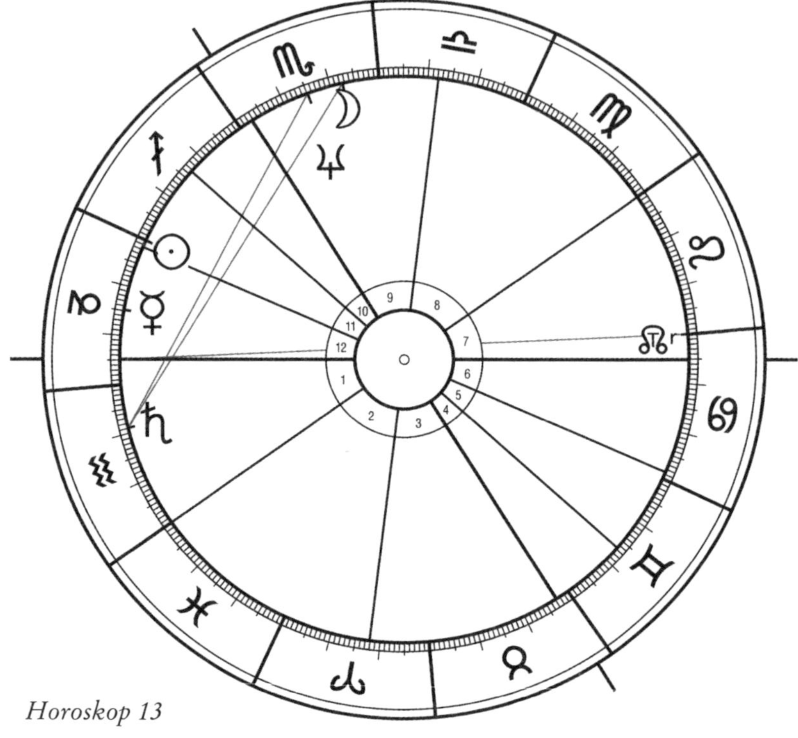

Horoskop 13

Die Sonne im zwölften Haus (Horoskop 13) zeigt generell den Verlust der männlichen Unterstützung für die Mutter an. Das männliche Prinzip zieht es aus der Familie weg. Ich werde später noch näher auf dieses Thema eingehen. Hier starb nach der Zeugung der Bruder im Alter von zwei Jahren. Beide Eltern waren in Trauer, der Vater flüchtete sich in die Arbeit. Der Vater war nach Aussage der Klientin ohnehin nie eine Unterstützung für die Mutter, er hatte früh seinen Bruder verloren und litt noch immer darunter. Das Trauma der Mutter wird durch die Verbindung von Mond, Saturn und Neptun gezeichnet (Saturn als Herrscher von zwölf). Merkur, das Geschwisterthema, befindet sich außerdem in zwölf. Die Betreffende fühlt sich oft traurig und depressiv und bekommt von anderen immer wieder zu hören: »Wach auf!«

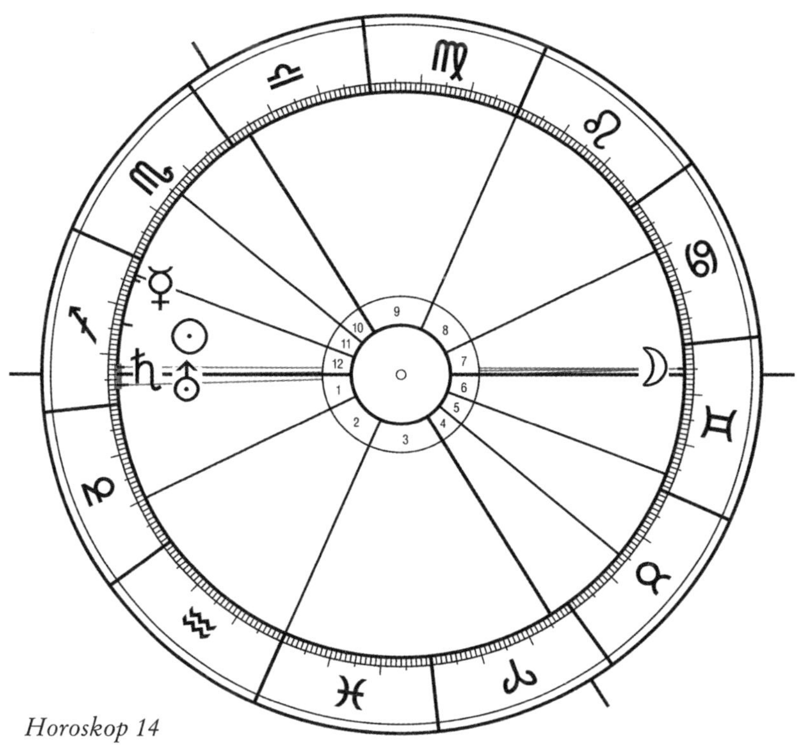

Horoskop 14

Andere Themen Merkurs sind Bildung und Kurzreisen. Hier (Horoskop 14) befanden sich beide Eltern im Studium, das Kind wurde nach Aussage der Mutter sehr wahrscheinlich auf einer Kurzreise gezeugt. Die Mutter bezeichnet ihr Leben von damals als »bewegte Zeit«, denn sie hatte drei Jobs und sie musste viel für Prüfungen lernen. Wenn auch Merkur nicht unbedingt ein Trauma anzeigt, so doch zumindest starke Unruhe. Siehe auch Seite 118 Kapitel »*Wenn die männliche Unterstützung fehlt*«.

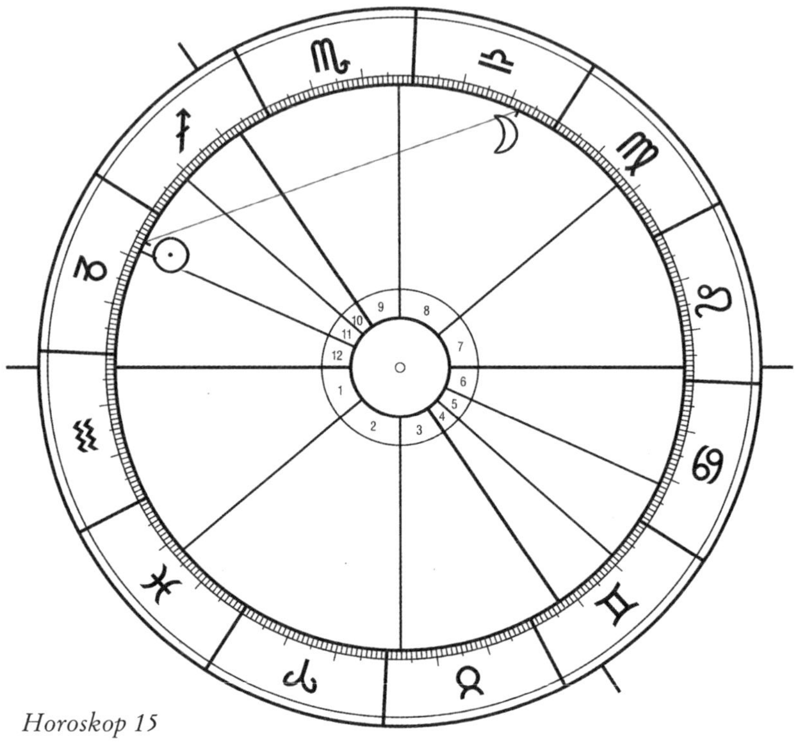

Horoskop 15

Die Eltern, die nicht zusammenpassten und nicht zusammen sein wollten (Sonne Quadrat Mond), mussten nach der Zeugung heiraten (Horoskop 15). Der Vater war wenig anwesend (Sonne in zwölf). (Siehe auch Seite 136 Kapitel »*Transite*«.)

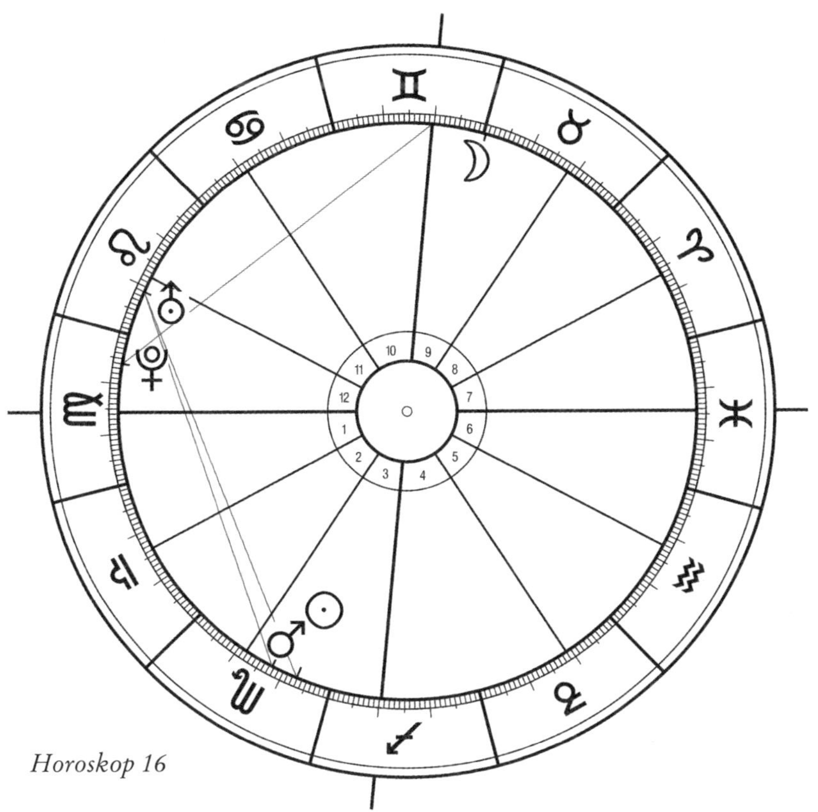

Horoskop 16

Auch hier mussten die Eltern (Horoskop 16) aufgrund der Schwangerschaft heiraten, obwohl sie dies nicht vorgehabt hatten. Beide hatten kein Kind gewollt, die Mutter hatte bereits zwei, der Vater musste seine beruflichen Pläne durch den Nachwuchs aufgeben und fühlte sich dadurch schwerwiegend eingeengt (Uranus Quadrat Sonne). Die Betreffende berichtet von starken Rückzugtendenzen und davon, dass sie die Stimmungen anderer aufnimmt. (Siehe auch Seite 132 Kapitel »*Transite*«.)

Die oben aufgeführten Beispiele, in denen die Bedeutung des Zeugungspunktes herausgestellt wurde, bestätigen, was auch der schon erwähnte Psychologe Dr. Farrant behauptet: Dass für viele Menschen bereits die Umstände der Zeugung eine prägende Rolle im Leben spielen.

Abtreibungsversuche

Eine Statistik über fehlgeschlagene Abtreibungen ist nicht bekannt. Diese kommen allerdings häufiger vor als ich zu Beginn meiner Untersuchung geahnt hatte. In diese Rubrik gehören auch jene Fälle, in denen die Mutter zunächst entschlossen war abzutreiben und es sich dann doch anders überlegt hat, beziehungsweise keine Möglichkeit hatte den Entschluss umzusetzen. Ob ein konkreter Abtreibungsversuch vorgenommen wurde oder ob nur der starke Wunsch danach bestand – beides wird auf die Entwicklung der Seele des werdenden Kindes vergleichbare Auswirkungen haben.

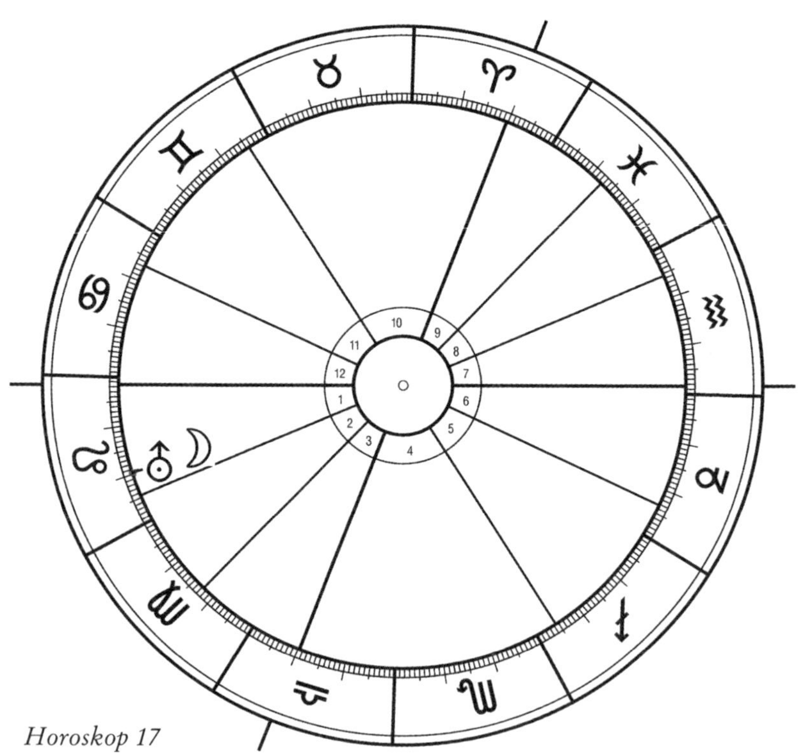

Horoskop 17

Der Mond als Herrscher von Haus zwölf steht bei dieser Geburt in Konjunktion mit Uranus (Horoskop 17). Die Tochter sagte während der Beratung: »Meine Mutter war über die Schwangerschaft schockiert und wollte abtreiben.« Siehe auch Seite 86.

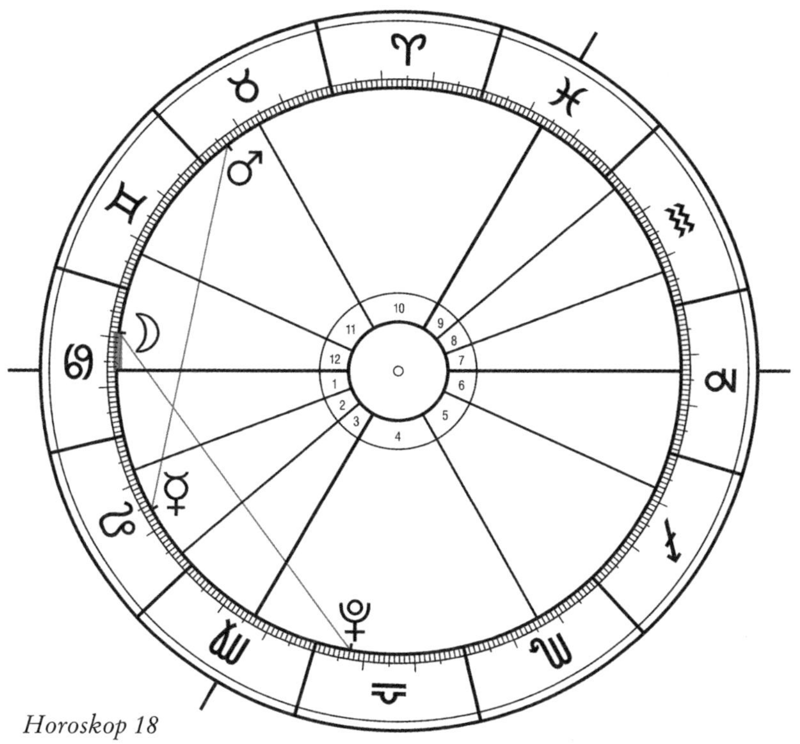

Horoskop 18

Diese Klientin (Horoskop 18) bezeichnete sich als »Unfall«. Die Mutter hatte um die Zeit der Empfängnis den Willen, den Vater zu verlassen. Den Termin für die Abtreibung hat sie im allerletzten Moment abgesagt. Zeugungsherrscher im Quadrat zu Mars, Mond im Quadrat zu Pluto. Siehe auch Seite 78 Kapitel *»Übertragung einer ungelösten Thematik«*.

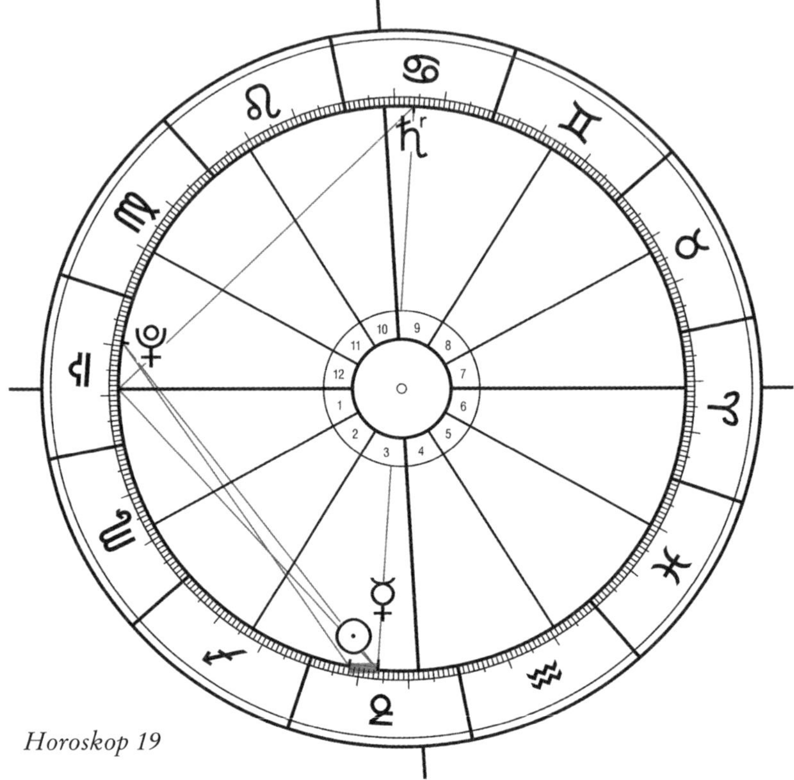

Horoskop 19

Noch ein »Unfall« (Horoskop 19). Dieser Mann ist das Ergebnis einer Affäre, die nie als längerfristige Beziehung geplant war. Die Möglichkeit einer Abtreibung stand im Raum, sein Vater war aus einem anderen Land zum Arbeiten nach Deutschland gekommen und ließ sich mit einer Frau ein. In der Heimat wartete seine große Liebe auf ihn, von der er sich nach Bekanntwerden der Schwangerschaft trennen musste, da es zur Zwangsheirat mit der werdenden Mutter kam. Das Paar zog in sein Heimatland und dort kam das Kind zu Welt. Siehe auch Seite 80.

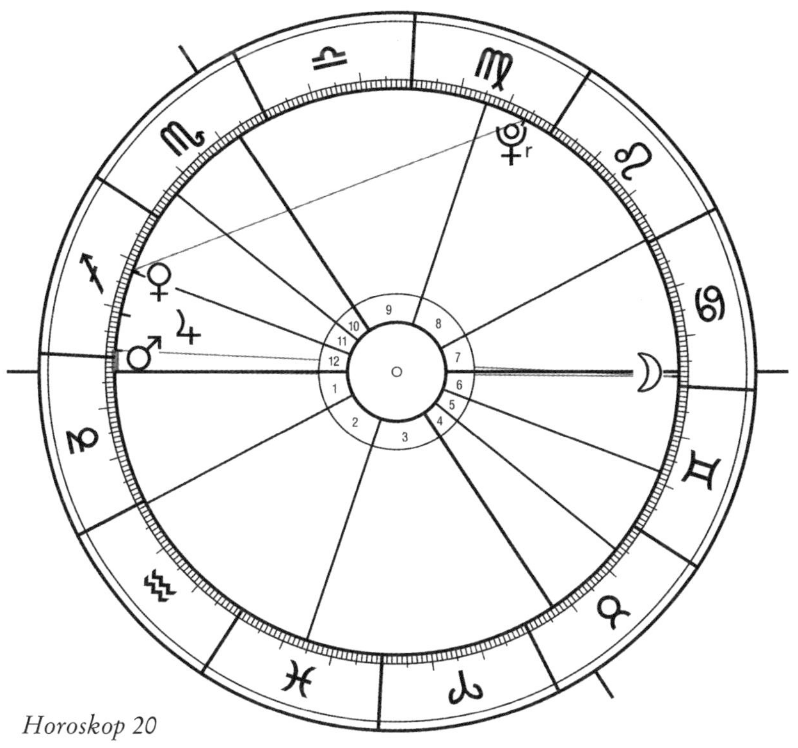

Horoskop 20

In diesem Fall (Horoskop 20) hat die werdende Mutter einen Suizidversuch unternommen (Venus Quadrat Pluto). Später wollte sie das Kind zur Adoption freigeben (Mars Opposition Mond), hat sich aber einige Wochen nach der Geburt doch für das Neugeborene entschieden. (Siehe auch Seite 139 Kapitel »*Transite*«.)

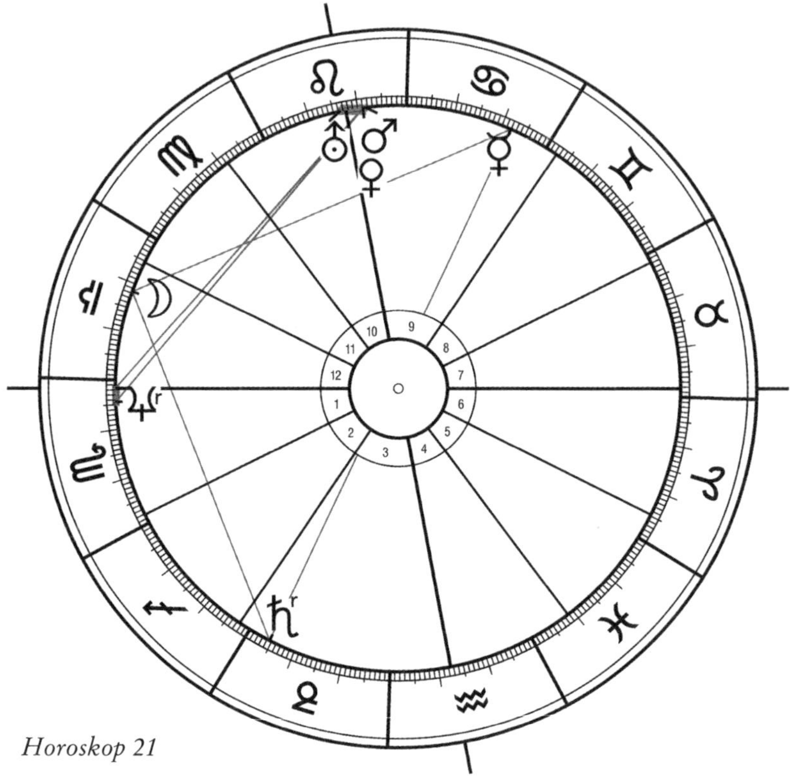

Horoskop 21

Die 16-jährige Schwangere (Horoskop 21) hatte versucht, das Kind durch Sprünge vom Tisch abzutreiben. Zeugungsherrscherin Venus auf dem höchsten Punkt im Horoskop, umringt von Mars und Uranus, scheint diesen Vorgang wiederzugeben. Siehe auch Seite 142 Kapitel »*Transite*«.

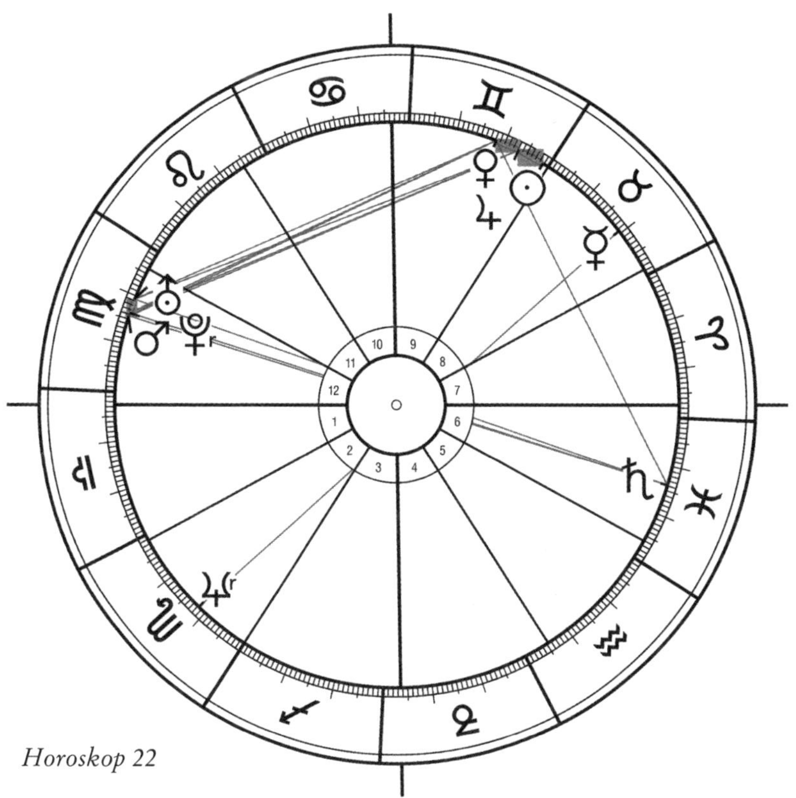

Horoskop 22

In diesem Fall (Horoskop 22) hat die Interviewpartnerin keine konkreten Informationen über einen Abtreibungsversuch, ist sich aber sicher, dass es einen gegeben haben muss. In einer Hypnosetherapie tauchten entsprechende Bilder auf. Uranus, Pluto und Mars im zwölften Haus unterstützen dieses Empfinden der Geborenen (siehe auch Seite 156).

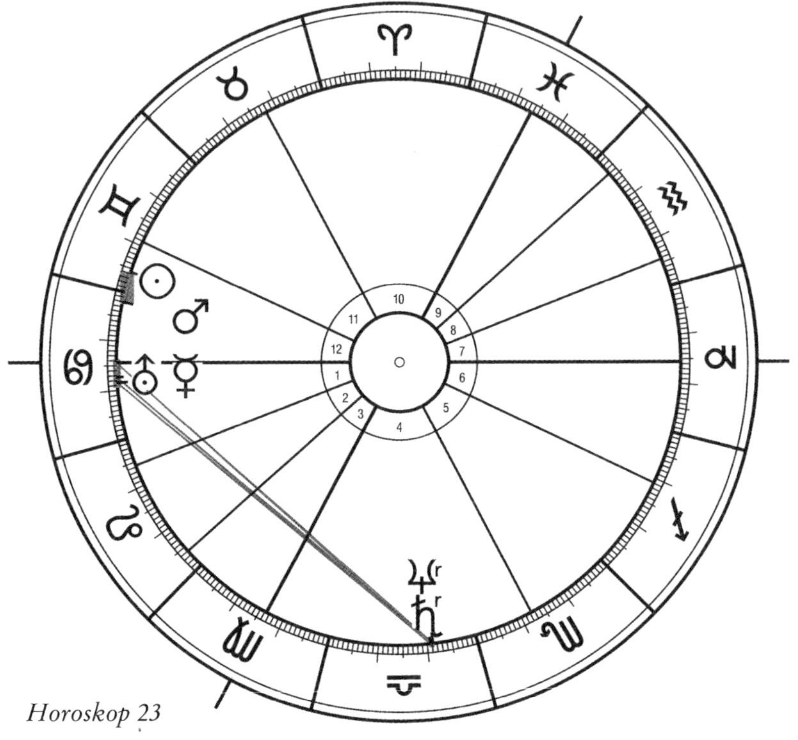

Horoskop 23

Die werdende Mutter (Horoskop 23) stand während der Schwangerschaft zwischen zwei Männern, nämlich ihrem festen Partner und einer Affäre (die beiden männlichen Symbole befinden sich in zwölf). Schwanger wurde sie von dem Liebhaber und wollte das Kind deswegen abtreiben. Warum es nicht dazu kam, ist nicht bekannt.

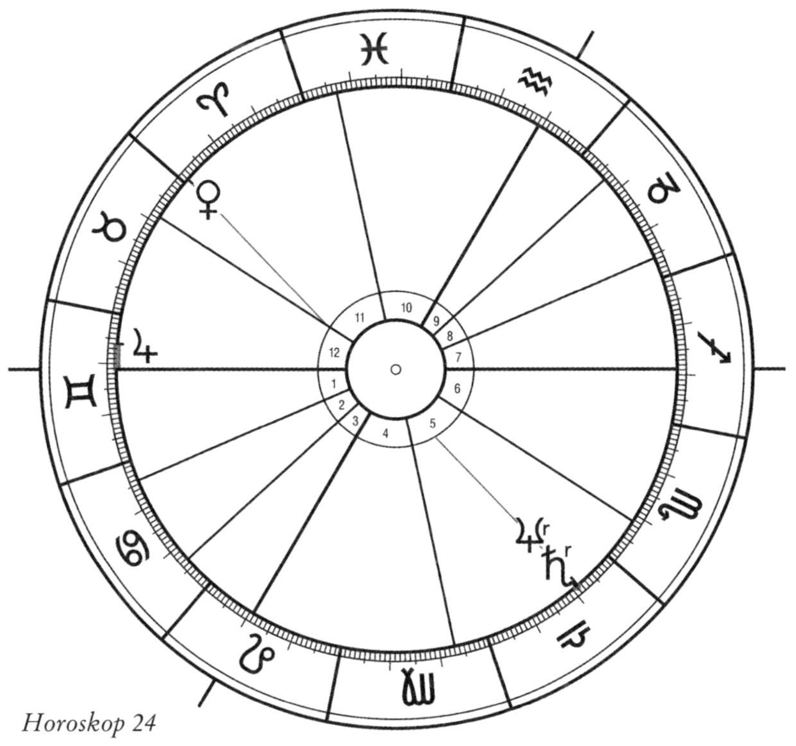

Horoskop 24

Venus als Herrscherin von Haus zwölf steht in Opposition zu Saturn und Neptun (Horoskop 24). Als die junge werdende Mutter erfuhr schwanger zu sein, unternahm sie mehrere Versuche, das Geld (Venus) für eine illegale Abtreibung (Neptun) zusammenzubekommen, das ihr jedoch niemand leihen wollte (Saturn). Die Klientin geht von mindestens einem selbst vorgenommenen Abtreibungsversuch aus.

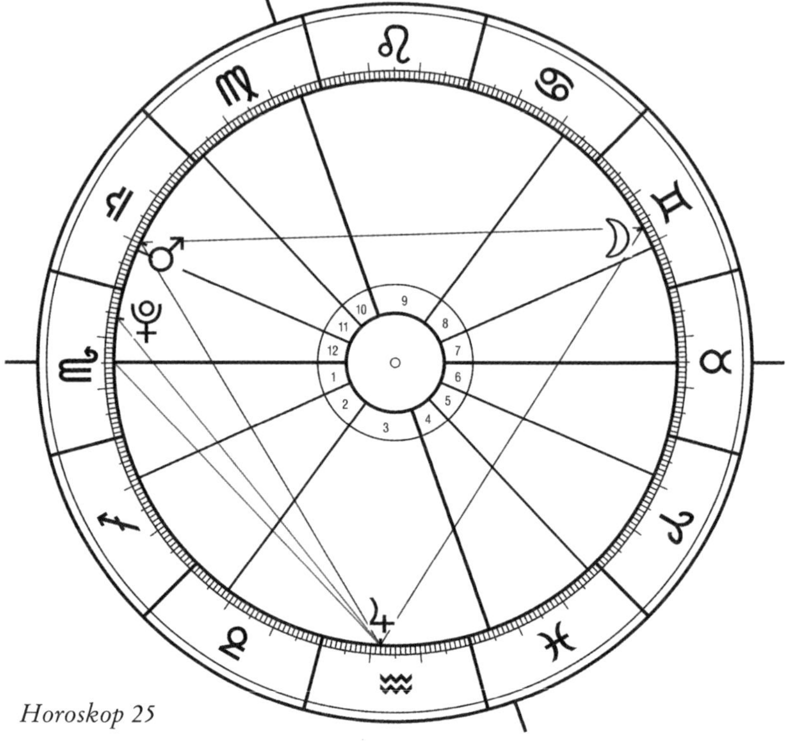

Horoskop 25

Liebe für eine Nacht – mit Folgen (Horoskop 25). Die Mutter lag bereits in der Klinik, um die Abtreibung vornehmen zu lassen, als der werdende Vater, der eben erst von der Schwangerschaft erfahren hatte, sie besuchte und dazu überredete, das Kind zu bekommen. Neben Pluto in zwölf liegt hier ein glückverheißendes großes Trigon aus Mars, Mond und Jupiter vor, das den Zeugungspunkt kontaktiert. Die Mutter, die mit dem Vater nur diese eine Nacht verbracht hat, sagt heute, dass ihre inzwischen erwachsene Tochter das größte Geschenk in ihrem Leben ist.

Auswirkungen von Haus-zwölf-Erfahrungen auf das spätere Leben

Für den Begriff Trauma gibt es keine einheitlich anerkannte Definition, in der Psychologie wird meist dann von einem Trauma gesprochen, wenn eine lebensbedrohliche Erfahrung langfristige Auswirkungen mit sich bringt, vor allem wenn dies in Form von Ängsten oder Zwängen der Fall ist.

In einem der einleitenden Kapitel hatte ich eine Reihe von Beispielen aufgeführt, die zeigen, wie das Thema pränatale Prägungen vonseiten der Forschung eingeschätzt wird. Die meisten der genannten Untersuchungen stellen Auswirkungen auf die Gesundheit des Kindes fest. Schwere Belastungen der Mutter während der Schwangerschaft können zu einer geringen Stresstoleranz des Kindes führen, zu einer erhöhten Neigung zu Bluthochdruck, Diabetes und anderen Zivilisationskrankheiten. Auch das Vorkommen von Ängsten, Depressionen und Lernstörungen wurde vielfach nachgewiesen. Neben Janov gehen auch weitere Psychologen davon aus, dass in der pränatalen Zeit bereits Charaktereigenschaften geprägt werden.

Nur, wie weit der Einfluss dieser Prägungen auf unser Leben reicht, darüber gibt es kaum Kenntnisse. Der Astrologe Howard Sasportas vermutete, dass ein Kind, das unter einem pränatalen Trauma leidet, *ein Gespür für die Gefahren des Lebens und die Furcht vor irgendwelchem lauernden Unheil mit auf die Welt* bringt.

Alle diese Forschungsergebnisse und Schlussfolgerungen beschreiben jedoch nur einen kleinen Teil dessen, was eine vorgeburtliche Traumatisierung bewirken kann. Tatsächlich haben die Erfahrungen vor der Geburt einen wesentlich schwerwiegenderen Einfluss auf unser Leben. Die Auswirkungen eines pränatalen Traumas gehen weit über Krankheitsdispositionen und die Neigung zu Depressionen hinaus. Sie prägen Verhaltensmuster, wirken im Schicksal nach, beeinflussen die Partnerwahl und sogar das Schicksal nachfolgender Generationen.

Dies ist auch nicht verwunderlich. In der Psychologie ist es unbestritten, dass ein bewusst erlebtes, unverarbeitetes lebensbedrohliches Ereignis die weitere Biografie eines Menschen mitbestimmen kann. Warum sollte dies im Falle eines vorgeburtlichen, also unbewussten

Ereignisses anders sein? Für die Astrologie ist es ohnehin selbstverständlich: Alle Prägungen im Horoskop, völlig unabhängig davon, womit sie sonst noch in Verbindung gebracht werden können, wirken ein Leben lang, einige auf unterstützende, andere auf schwierige Weise, Letztere eine Zeit lang destruktiv und im Idealfall später konstruktiv.

Jeder schwierige Aspekt beschreibt eine Verwicklung und die Herausforderung zu einer Entwicklung, das ist bei Konstellationen, die Haus zwölf betreffen, nicht anders. Nur wissen wir bei Themen, an denen Haus zwölf beteiligt ist, lange Zeit nicht, wonach wir suchen sollen. Für Aspekte, an denen Neptun beteiligt ist, gilt dies ebenfalls; oft, aber nicht immer, auch für Pluto und Haus acht. Wird ein unbewusstes Trauma nicht gelöst, kann es an die Nachkommen »weitergereicht« werden und sogar über mehrere Generationen weiterschwingen.

Übertragung einer ungelösten Thematik

Eine Klientin mit Mars in zwölf im Quadrat zu Uranus leidet schon lange unter zeitweiligen Erschöpfungsdepressionen. Seit dem Zeitpunkt der Erkrankung ihres Mannes hat dies besondere Ausmaße angenommen, und ihr bleibt ihr nur noch Energie für die Pflege des Partners. Sie neigt dazu, sich völlig zu verausgaben und in den ausgebrannten Phasen jeden Mut zu verlieren. Als ihre Mutter mit ihr schwanger war, erlitt der Vater einen schweren Unfall und war ans Bett gefesselt. Die Klientin geht davon aus, dass die Situation für ihre Eltern äußerst bedrohlich gewesen sein muss. Sie selbst hatte noch nie einen Zusammenhang zu ihrer eigenen Lebenssituation gesehen, im Beratungsgespräch wurde dieser für sie nachvollziehbar.

Dieses Horoskop wurde schon im Kapitel *Abtreibungsversuche* angesprochen (vgl. Horoskop 18, siehe Seite 69). Die Abtreibung wurde im letzten möglichen Moment abgesagt. Die Mutter dieser Klientin wurde während der Schwangerschaft von ihrem Partner, der Alkoholiker war, oft geschlagen. Sie war sehr viel allein und fühlte sich einsam, da sie sich fern ihres Heimatlandes befand. Gewalt, Isolation, die Erfahrung, in der Fremde zu sein, werden durch Mond Quad-

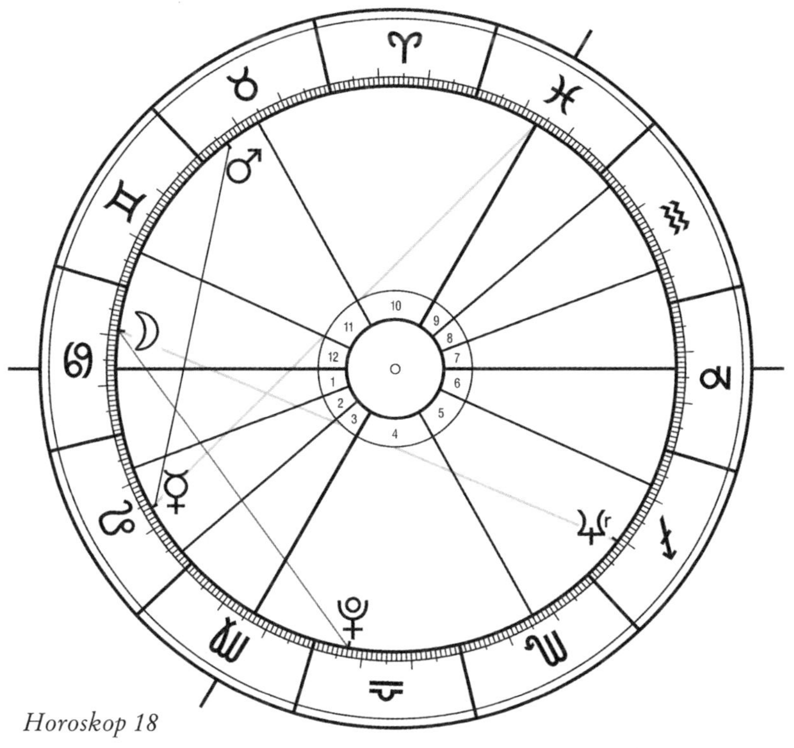

Horoskop 18

rat Pluto beschrieben; Pluto in Haus vier zeigt die Entwurzelung der Mutter an, ihren Verlust der Heimat. Außerdem bildet der Mond mit Neptun ein Quincunx, einen Winkel, den ich nur im Falle eines engen Orbis' hinzuziehe; hier ist er geringer als ein halbes Grad. Im Leben der Mutter beschreibt dieses Quincunx die unrealistische Beziehung zu ihrem Partner, sicher auch ihre Sehnsucht nach der Heimat. Im Leben der Klientin steht er für eine schwer stillbare Sehnsucht und die Neigung, sich heftig zu verlieben (es liegt außerdem ein Venus/Neptun-Quadrat vor).

Ich hatte über viele Jahre Kontakt zu dieser Klientin und kenne ihre Schilderungen von mehreren aufeinanderfolgenden Partnerschaften, die alle nach dem gleichen Muster abliefen: große Verliebtheit, Konfrontation mit Macht und Ohnmacht, schwere Enttäuschung mit existenzieller Krise. Sie selbst beschreibt ihr Lebensgefühl mit »man will mir wehtun« und sagt, dass es in ihren Beziehungen darum geht, »wer stärker ist«.

Während der Schwangerschaft mit ihrem Sohn machte sie, wie zuvor schon ihre Mutter, die Erfahrung, viel allein zu sein und sie hat ebenfalls sehr unter dieser Situation gelitten. Zum Zeitpunkt der Empfängnis bildete Neptun wieder ein Quincunx zu ihrem Mond (im Transit, wieder weniger als ein halbes Grad), das heißt, sie selbst wurde unter Mond Quincunx Neptun (das eine Beziehung zu ihrer Mutter und ihrer vorgeburtlichen Zeit bildet) geboren und wurde selbst schwanger, als Neptun zum ersten Mal in eine neue Quincunx-Stellung zum Mond vorgerückt war. Sehnsucht und Täuschung sind Schlüsselbegriffe zu diesem Aspekt.

Bei ihrem Kind stehen Sonne und Mond am Zeugungspunkt in Opposition zu Neptun. (Horoskop 11, siehe Seite 62) Auch dieses Horoskop wurde schon aufgeführt. Obwohl die Mutter vom Partner finanziell betrogen wurde, erlebte sie die Zeit als »märchenhafte Schwangerschaft« und die Beziehung als »dümmlich-naiven Zustand«, aus dem sie später »erwachte«. Zum Zeitpunkt dieses Erwachens bildete Pluto die Opposition zu ihrem Zeugungspunkt, im Horoskop ihres Sohnes war es Saturn, der dann in Opposition zum Zeugungspunkt stand. In diesem und in einigen weiteren Fällen, die ich dokumentieren werde, scheint der Zeugungspunkt wie ein kraftvoller Impulsgeber im Leben zu wirken.

Bei ihrem damaligen Mann (Horoskop 19, siehe Seite 70) stand in der eigenen pränatalen Zeit ebenfalls die Möglichkeit einer Abtreibung im Raum, wie konkret diese war, weiß die Klientin allerdings nicht. Auch in seinem Fall musste die Mutter den Vater ungewollt heiraten. Es sieht so aus, als ob mit der Zeugung des Kindes, die in dessen Horoskop unter Sonne, Mond und Neptun steht, die unrealistische (neptunische) Hoffnung verbunden war, die ideale Familie zu gründen, die von beiden Partnern schmerzlich vermisst wurde.

Wiederholung von Schwangerschafts-Themen bei Müttern und Töchtern

Am letzten Beispiel lässt sich gut erkennen, dass die schwierige Beziehungssituation der Mutter in der Schwangerschaft an die Tochter »weitergereicht« wurde und dass in der Schwangerschaft der Mutter und der der Tochter die gleichen Themen eine Rolle spielten. Auch im folgenden Fall sehen wir, dass sich ungelöstes Schicksal in nachfolgenden Generationen weiterentwickeln will und bereits in der pränatalen Phase wieder aufgegriffen wird.

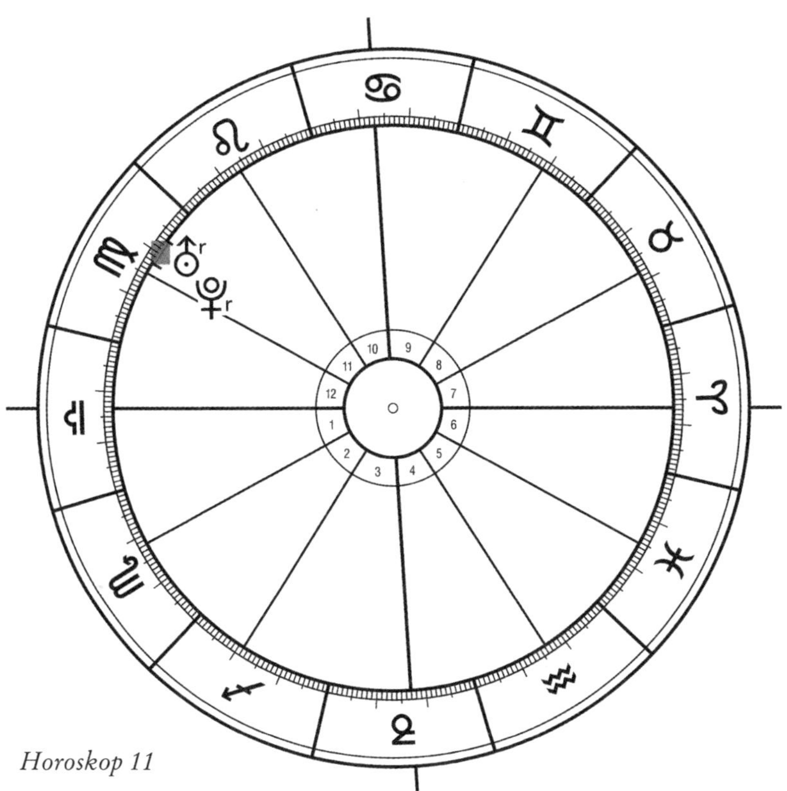

Horoskop 11

Uranus und Pluto, die extreme Krisenkonstellation Mitte der 1960er, am Zeugungspunkt (Horoskop 11, siehe Seite 62): Die werdende Mutter wollte den werdenden Vater nicht als Partner und war über die Beziehung tief verunsichert. Aufgrund der Schwangerschaft musste geheiratet werden. Sonne und Mond in Quadratzeichen zeigen die Unvereinbarkeit der Eltern an. Die Mutter hat in der Schwangerschaft außerdem unter der Wut ihres eigenen Vaters gelitten. Die Klientin schreibt: »Meine Mutter hatte während der Schwangerschaft viel Angst, die sie wahrscheinlich auf mich dann irgendwie übertragen hat. Ich habe immer gedacht, mit mir stimmt was nicht«. Sie sagt von sich, dass sie Angst hat, sich zu binden.

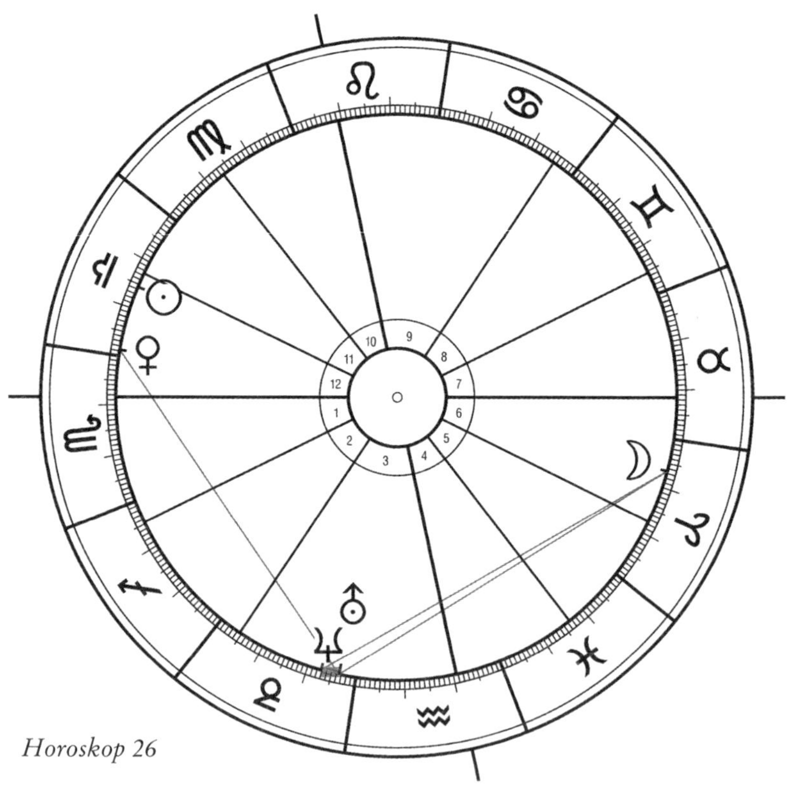

Horoskop 26

Die Anfangsgeschichte des ersten Kindes dieser Klientin (vgl. Horoskop 1, Seite 50) liest sich wie ihre eigene. Die Klientin war geschockt über die Schwangerschaft, sie wollte den Mann nicht als festen Partner, hat ihn trotzdem geheiratet. Sie war viel allein und hat darunter gelitten, außerdem hatte sie starke Angst vor der Geburt. Auch wenn die Gründe für die starken Ängste in der Schwangerschaft zum Teil andere waren als die bei ihrer Mutter, wurde die eigene vorgeburtliche Situation in hohem Maße wiederholt. Sowohl bei der Klientin als auch bei ihrer Tochter steht Uranus am Zeugungspunkt.

Im Horoskop des zweiten Kindes (Horoskop 26) steht die Sonne am Zeugungspunkt und Geburtsherrscherin Venus im Quadrat zu Uranus.

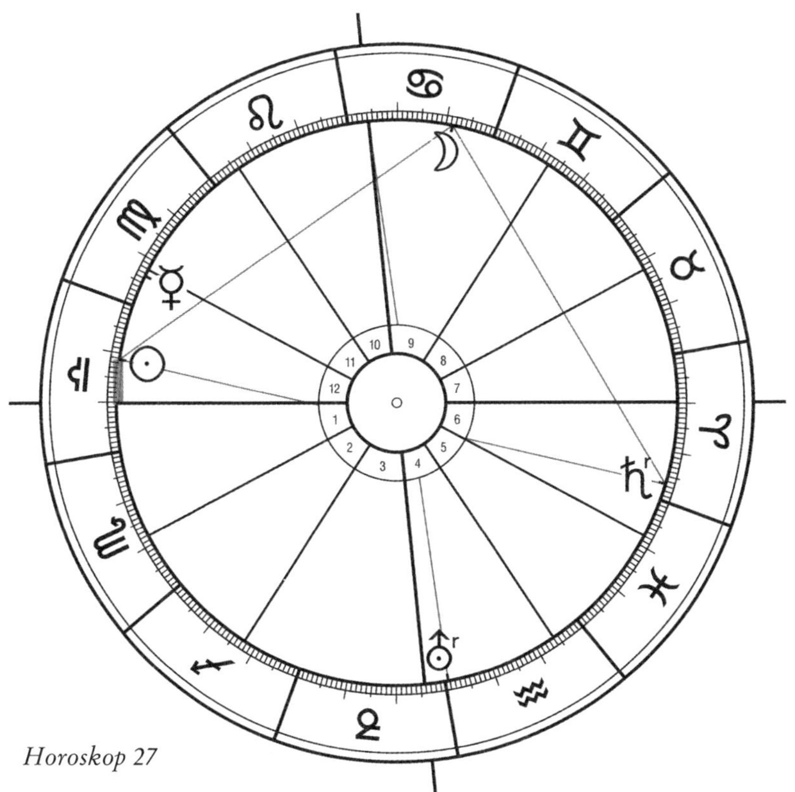

Horoskop 27

Im Horoskop des dritten Kindes (Horoskop 27) hat Uranus keinen Bezug zum zwölften Haus, hier steht er im vierten, nahe der Spitze. Ich deute dies so, dass das jüngste Kind die Spannung zwischen den Eltern am stärksten bewusst mitbekommen hat, also nicht so tief im Unbewussten verankert hat wie seine Geschwister. In den Horoskopen des zweiten und des dritten Kindes steht die Sonne in zwölf, Anzeichen dafür, dass der Vater in der Schwangerschaft (und wahrscheinlich auch später in der Beziehung) nicht anwesend war. Die Mutter berichtet, dass sie in beiden Fällen sehr auf sich allein gestellt war.

Die Eltern der Klientin trennten sich nach dem dritten Kind, als ihr erstes Kind – die Klientin – 15 Jahre alt war. Die Klientin hat selbst drei Kinder und trennte sich von ihrem Mann, als ihr erstes Kind 14 Jahre alt war. Aufgrund von Saturns Opposition zu seiner Ausgangsstellung gibt es nach 14 bis 15 Jahren immer eine Krise, in der entschieden werden muss, ob etwas enden oder weitergeführt werden soll. Die Klientin erlebte zum Zeitpunkt der Trennung ihrer Eltern außerdem den Übergang Saturns über ihre Uranus/Pluto-Konjunktion am Zeugungspunkt, zum Zeitpunkt der Trennung von ihrem Mann die Uranus/Uranus-Opposition.

Sehen wir in einer Beratungssituation, dass solche Aspekte anstehen, und wissen wir, dass die Partnerschaft schon länger schwierig verläuft, steht die Möglichkeit einer Trennung im Raum – auch ohne das zwölfte Haus in die Betrachtung mit einzubeziehen. In diesem Fall befand sich Uranus allerdings seiner Position am Zeugungspunkt gegenüber und zusätzlich verließ Jupiter gerade das zwölfte Haus der Klientin, was beides auf eine Befreiung von vorgeburtlicher Verwicklung gedeutet werden kann. Es sieht so aus, als ob die Klientin während der Uranus-Opposition den befreienden Schritt vollzogen hat, der ihrer Mutter zum Zeitpunkt der Empfängnis verwehrt war: die Befreiung von ihrem nicht gewollten Partner.

Als die Klientin sich von ihrem Mann trennte, stand Saturn im Horoskop ihrer Tochter in Opposition zu Uranus an deren Zeugungspunkt. Abgesehen von der schmerzlichen Erfahrung der Trennung der Eltern dürfte in beiden Fällen auch ein harter Bereinigungsprozess stattgefunden haben, der ganz sicher nicht die vorgeburtliche Prägung gelöst, aber wahrscheinlich zu diesem Prozess beigetragen hat.

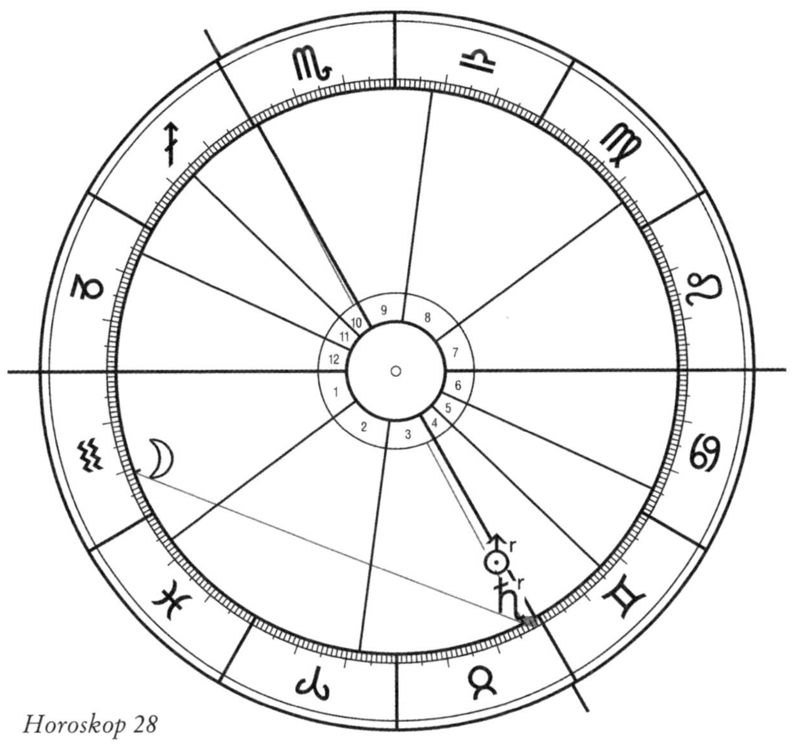

Horoskop 28

Im Horoskop der Mutter der Klientin stehen keine Planeten im zwölften Haus, allerdings befindet sich der Zeugungsherrscher Saturn in Konjunktion mit Uranus und im Quadrat zum Mond (Horoskop 28). Uranus taucht also hier bereits auf. Deren Mutter, also die Großmutter der Klientin, war Bäuerin und musste hart arbeiten (Saturn), ihre Tochter war das zweite Kind, die Schwangerschaft mit ihr begann kurz nach der Geburt des ersten Kindes. Die erneute Schwangerschaft muss eine unangenehme Überraschung gewesen sein, vor allem aufgrund der materiellen Situation (Saturn/Uranus). Die Kinder der Großmutter der Klientin wuchsen mehr bei ihren eigenen Großeltern auf, den Urgroßeltern der Klientin.

Hier zeigt sich, wie sich die schwierige Situation der Großmutter zur Zeit der Empfängnis der Mutter der Klientin in den nachfolgenden Generationen fortsetzt. Saturn, Uranus und Mond in Bezug zur Spitze des Zeugungspunktes im Horoskop der Mutter weist darauf, dass sich die Großmutter durch die zweite Schwangerschaft außerordentlich eingeengt gefühlt haben muss. Sowohl die Klientin als auch deren drei Kinder haben ein deutlich besetztes zwölftes Haus. Im Horoskop der Mutter der Klientin, dem der Klientin und in denen ihre zwei Kinder hat Uranus einen klaren Bezug zu zwölf, im Horoskop des dritten Kindes steht Uranus wie bei seiner Großmutter am IC.

Es lässt sich natürlich nicht ausschließen, dass die uranische Thematik schon die Generationen davor geprägt hat, die Tatsache, dass die Großmutter keine Planeten in zwölf hat, könnte allerdings ein Hinweis darauf sein, dass hier ein neues Thema beginnt. Aufgrund mangelnder Vergleichsdaten muss dies derzeit allerdings Spekulation bleiben.

Diese und viele weitere Lebensgeschichten zeigen, dass Frauen in der Schwangerschaft Themen wiederholen, die ihre Mütter in der Schwangerschaft mit ihnen schon durchlebten. Ich kenne einige weitere Beispiele von Fehlgeburten und Risikoschwangerschaften, bei denen die Schwangere selbst abgetrieben werden sollte. Manchmal sieht es regelrecht danach aus, als ob eine Mutter, die ihr Kind verliert, den Impuls ihrer eigenen Mutter nach einer Abtreibung weiterführt. Dies ist selbstverständlich nicht als unbewusster Abtreibungswunsch zu deuten; die Ebene, auf der diese Impulse »wirken«, ist nicht das persönliche Unbewusste.

Horoskop 17 (siehe Seite 68) wurde schon im Kapitel *Abtreibungsversuche* aufgeführt. Die Mutter der Klientin hatte einen konkreten Abtreibungsversuch untergenommen, die Klientin hatte selbst eine Fehlgeburt im sechsten Monat und zwei weitere äußerst schwere Schwangerschaften. Nach der Geburt ihres ersten Kindes wurde die Klientin für klinisch tot erklärt, das zweite Kind hat nur durch einen Zufall überlebt. Aufgrund einer falschen klinischen Diagnose wurde ein Kaiserschnitt vorgenommen, dabei wurde festgestellt, dass die Geburt aufgrund der um den Hals gewickelten Nabelschnur tödlich verlaufen wäre. Die Klientin vermutete bereits selbst, dass es einen

Zusammenhang zwischen der lebensbedrohlichen Situation in ihrer eigenen pränatalen Zeit und ihren schweren Schwangerschaften geben müsse.

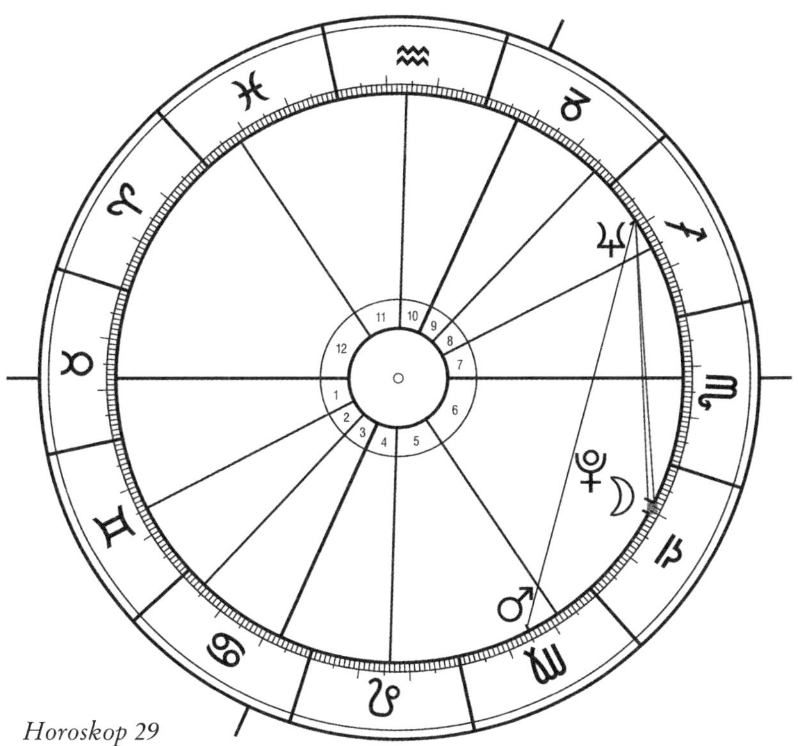

Horoskop 29

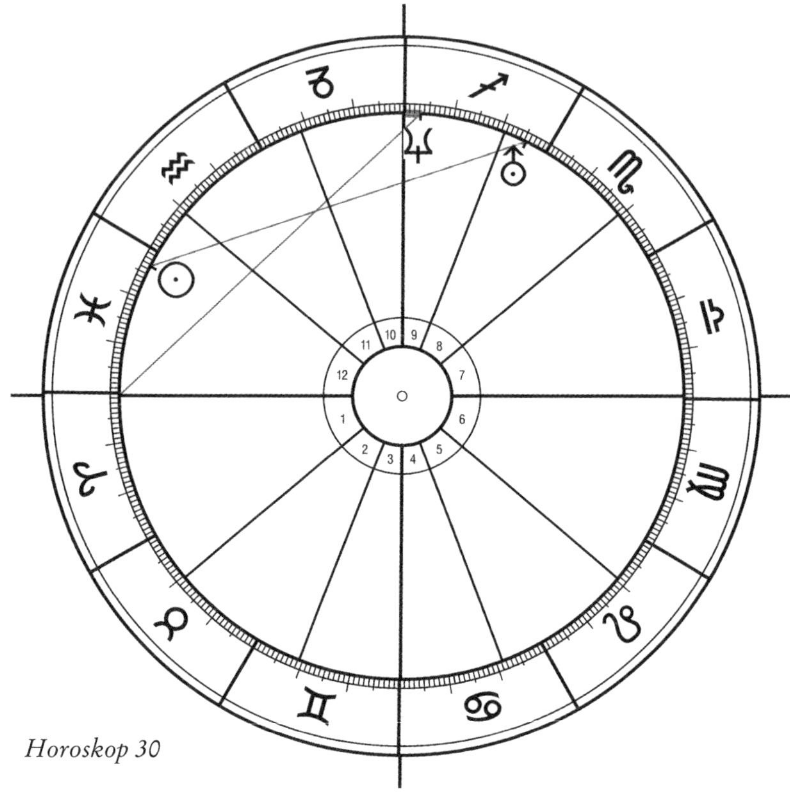

Horoskop 30

Im Horoskop ihrer ersten Tochter (Horoskop 29) steht Zeugungsherrscher Mars im Quadrat mit Neptun. Die Klientin berichtet, dass sie sich bis zum vierten Schwangerschaftsmonat ständig erbrochen hat (Mars/Neptun kann für eine Vergiftung stehen, auch für eine hormonelle). Dem Bereich im zwölften Haus, der in etwa dem vierten Schwangerschaftsmonat entspricht, liegt Mond/Pluto gegenüber. Möglicherweise ein Hinweis darauf, dass der Abtreibungsversuch der Mutter der Klientin zu diesem Zeitpunkt stattgefunden hat. Im Horoskop der zweiten Tochter (Horoskop 30) steht die Haus-zwölf-Sonne im Quadrat mit Zeugungsherrscher Uranus. Die Klientin war während der Risikoschwangerschaft sehr im Stress, da sie zwischen der Klinik und ihrem Heim mit der anderthalbjährigen ersten Tochter hin- und herpendelte.

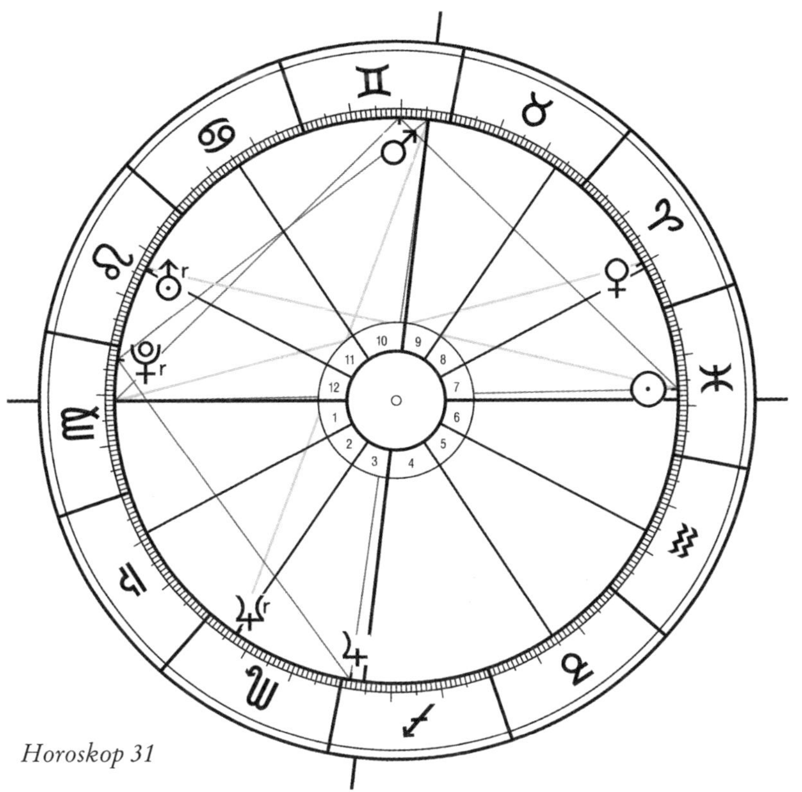

Horoskop 31

Generationsübergreifende Wunden

Bei dieser Geburt stehen die drei zerstörerischen Prinzipien in Beziehung zum pränatalen Bereich: Uranus an der Spitze von Haus zwölf, Neptun im Quadrat dazu, Pluto im zwölften Haus (Horoskop 31). Die Mutter wurde im Alter von 16 Jahren überraschend durch eine Affäre schwanger. Venus und Mars im harmonischen Kontakt zu Uranus deuten darauf, dass dies eine aufregende und lustvolle Phase gewesen sein muss. Der Vater des Kindes verabschiedete sich praktisch sofort, nachdem ihm die Schwangerschaft zu Ohren kam. Die Kindsmutter hat so gut wie nie mehr vom Vater gehört, die Klientin hat ihn nie kennengelernt. Die Sonne steht in einem Quincunx zum Zeugungspunkt, also in einem neptunischen Aspekt.

Der Gedanke an eine Abtreibung stand im Raum. Die Mutter ist noch in der Schwangerschaft eine neue Partnerschaft eingegangen, unmittelbar nach der Geburt hat sie sich von ihrem Kind getrennt, das zunächst bei den Großeltern aufwuchs. Pluto kann hier mit dem Wunsch nach einer Abtreibung in Verbindung gebracht werden, aber auch mit der Entscheidung, das Kind nicht aufzuziehen, die im letzten Drittel der Schwangerschaft getroffen worden sein muss. Die Klientin berichtet, dass sie in der Familie der Großmutter aufgenommen wurde und sich dort auch angenommen fühlte. Jupiter am IC beschreibt in diesem Fall ihre Erfahrung. Ich habe häufig gesehen, dass Jupiter und Saturn für die Großeltern stehen, wobei sich nicht grundsätzlich verallgemeinern lässt, welcher Planet für welchen Großelternteil oder welche elterliche Linie steht (im Einzelfall, wie hier, durchaus). Jupiter und Saturn betreffen also zusammen die Ebene der Großeltern.

Auch bei dieser Frau wiederholt sich ein Teil der eigenen vorgeburtlichen Geschichte im Schicksal eines ihrer Nachkommen. Die Klientin hatte bereits zwei Kinder und es war nicht ihre Absicht, ein weiteres zu bekommen. Doch sie wurde trotz Verhütung überraschend bei einem Seitensprung schwanger. Bei ihrem Sohn steht Merkur, der Herrscher von Haus zwölf, im Quadrat zu Uranus und Neptun (Horoskop 32). Sie hatte ebenso anfangs eine Abtreibung erwogen und das Kind ist ebenfalls ohne den Vater aufgewachsen. Auffallend ist außerdem, dass der Zeugungspunkt des Kindes in der Nähe Plutos im Horoskop der Mutter liegt, also an dem Punkt, an dem die Mutter der Klientin sehr wahrscheinlich entschieden hatte, ihr Kind nicht bei sich zu behalten. Eine frühe Trennung von Mutter und Kind kann aus Sicht der systemischen Therapie eine tiefe Wunde in der Familiengeschichte darstellen, die über mehrere Generationen wirkt. In diesem Fall sieht es so aus, als ob das Schicksal mit der erneuten Aktivierung des betreffenden Punktes durch eine Empfängnis zu einer Heilung drängt – das Annehmen des ungewollten Sohnes als Teil des Heilungsprozesses der Wunde, die durch die Trennung von der Mutter entstanden war.

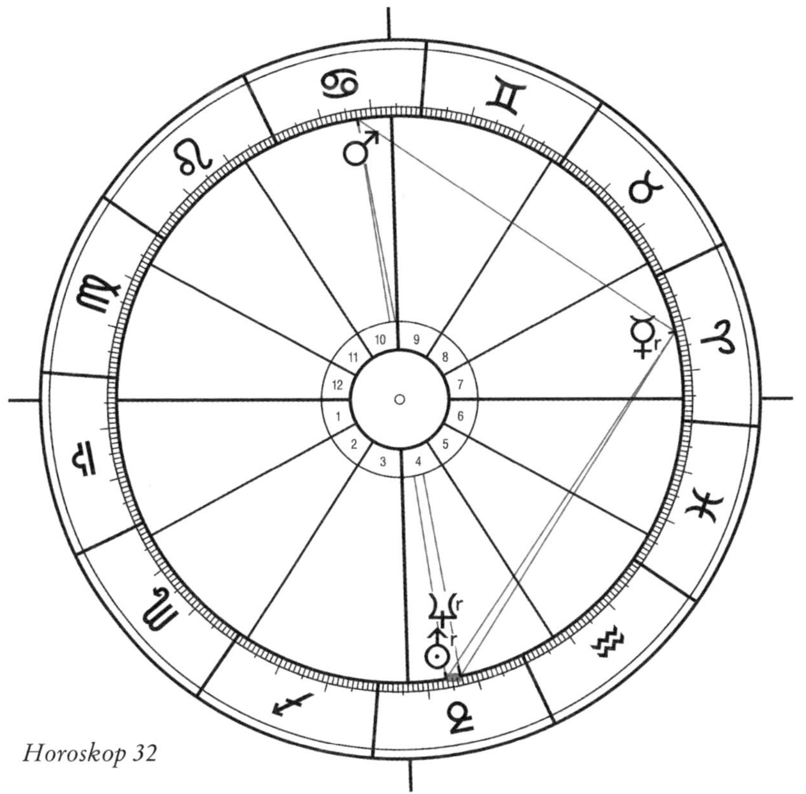

Horoskop 32

Zu einem anderen Zeitpunkt wurde der Zeugungspunkt im Horoskop der Klientin ebenfalls auffallend aktiviert: Auf der Suche nach ihrem Vater fand sie heraus, dass dieser längst verstorben war und auf einem Friedhof im Ausland beerdigt liegt. Sie beschloss, das Grab des Vaters zu besuchen, kannte aber nur den Ort, an dem es mindestens drei große Friedhöfe gibt. Sie berichtet, dass sie das Grab praktisch auf Anhieb gefunden habe. Sie entschied sich für einen der Friedhöfe und »es zog« sie regelrecht zum Grab des Vaters. In dieser Zeit stand Neptun, das Prinzip der Intuition, ihrem Zeugungspunkt genau gegenüber. Die Klientin selbst verfügt über eine sehr ausgeprägte Intuition und arbeitet im heilenden Bereich.

Sensible Bereiche in Familien-Horoskopen

Von sensiblen Bereichen (nicht zu verwechseln mit den sensitiven Punkten) sprechen wir, wenn wir sehen, dass ein Horoskop auf Transite anspricht, obwohl an der betreffenden Stelle kein Planet oder anderer bekannter astrologischer Faktor liegt, wir also nicht wissen, was da eigentlich reagiert.

Auf sensible Themen stoßen wir auch, wenn wir das Horoskop einer Person nicht kennen und in der Untersuchung der betreffenden Biografie feststellen, dass bei Transiten über bestimmte Stellen im Tierkreis immer wieder markante Ereignisse im Leben der Person stattfinden.

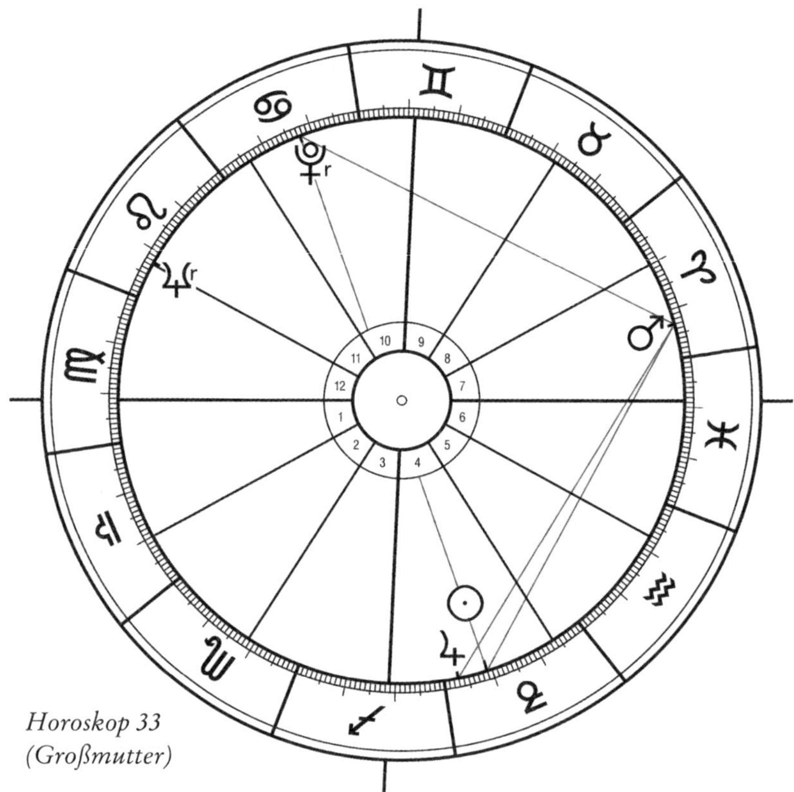

Horoskop 33 (Großmutter)

Sensible Bereiche können auch in den Horoskopen von Familienmitgliedern eine Rolle spielen. Beim Vergleich der Horoskope aufeinanderfolgender Generationen bin ich gelegentlich auf solche Punkte und Bereiche gestoßen, die für eine Familie oder einen Teil ihrer Mitglieder eine besondere Bedeutung haben.

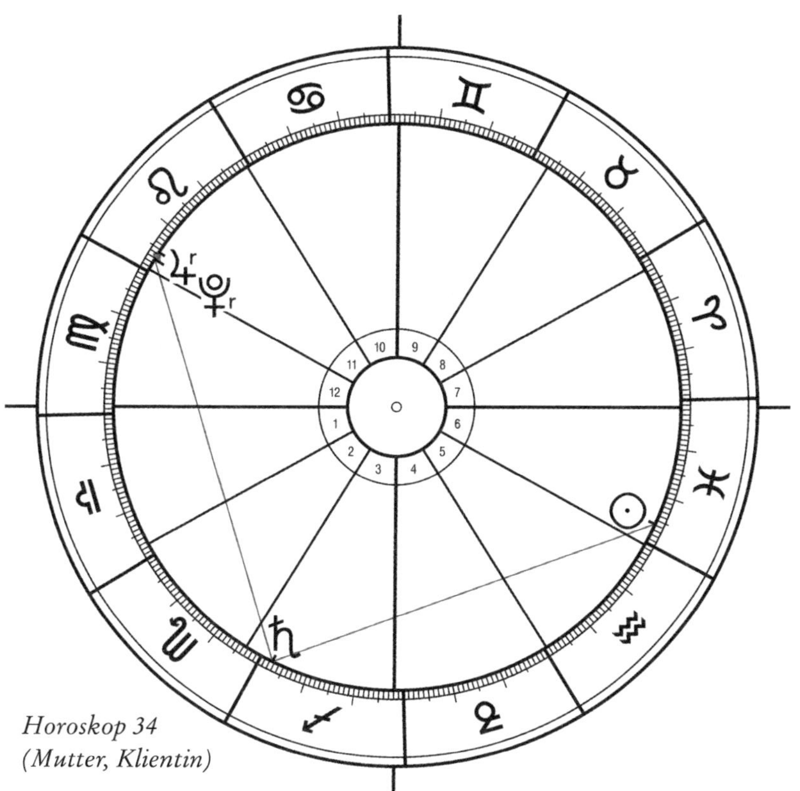

Horoskop 34
(Mutter, Klientin)

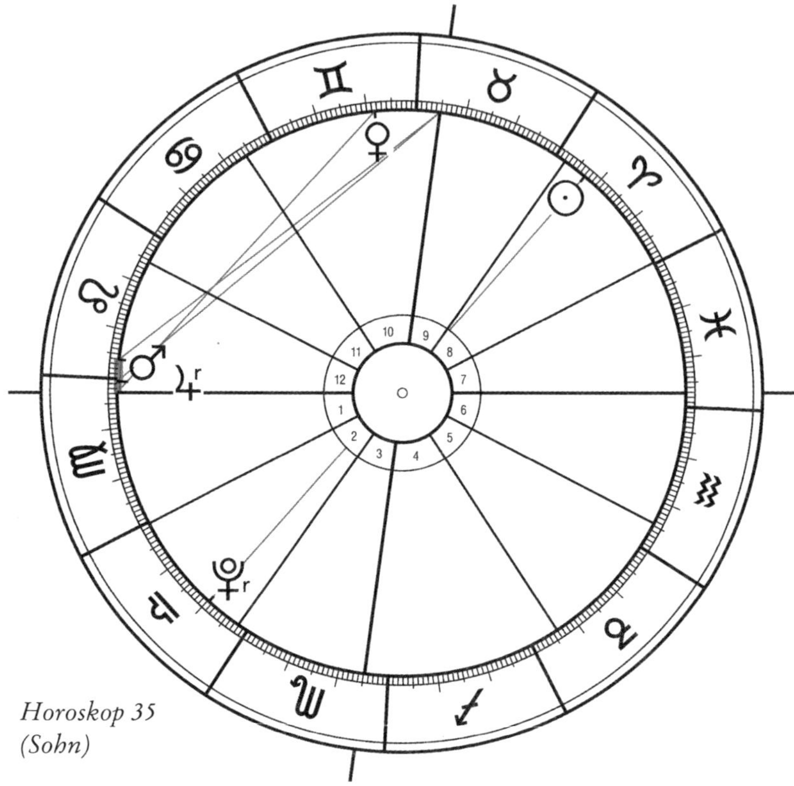

Horoskop 35
(Sohn)

Im Horoskop der Klientin (Horoskop 34) stehen Jupiter und Pluto am Zeugungspunkt in einem Spannungsdreieck mit Sonne und Saturn. Die Klientin berichtet, dass ihre Mutter von einer „sehr schönen Schwangerschaft“ gesprochen hat, was sie ihr auch glaubt (Jupiter in zwölf), andererseits hätte die Mutter auch sehr viel zurückstellen und „Bedürfnisse und Träume aus ihrem Leben streichen“ müssen (Saturn). Der Vater war Alkoholiker (Sonne-Pluto: mangelnde männliche Unterstützung). Auf die Nachfrage, was der dunkle Aspekt (Pluto) in dieser Zeit noch gewesen sein könne, berichtete die Klientin, dass ihre Großmutter der Mutter nahegelegt habe, das Kind, also sie, abzutreiben, »da ein drittes Kind wohl nicht mehr angebracht sei«, was die Mutter sehr verletzt habe. Erfüllung (Jupiter) und Verletzung (Pluto) liegen hier also nah beieinander.

Im Horoskop der Mutter der Klientin (Horoskop 33, Großmutter) steht sehr wahrscheinlich Neptun in der Nähe des Zeugungspunktes, die Geburtszeit konnte allerdings nicht standesamtlich ermittelt werden, ist also etwas unsicher. Auf jeden Fall wusste die Mutter der Klientin nach eigener Aussage nie, wer ihr eigener Vater ist, es kamen mehrere Männer in Betracht. Die Sonne steht als Herrscherin von Haus zwölf in Konjunktion mit Jupiter, im Quadrat zu Mars und in Opposition zu Pluto. Jupiter: die Fülle, Sonne/Mars: die Konkurrenz, Pluto: der Verlust. Noch mehr Durcheinander mit der männlichen Energie wäre vielleicht denkbar, wenn auch Uranus noch beteiligt wäre. Die Großmutter der Klientin war ledig als ihre Tochter zur Welt kam, in Deutschland Anfang der 1920er-Jahre durchaus ein schwerwiegendes Schicksal. Die Sonne/Pluto-Opposition, die auch im Horoskop der Tochter (also der Klientin) vorliegt, zeigt hier ebenso die mangelnde Unterstützung durch die männliche Kraft. Nicht nur, dass der Vater unbekannt war, der spätere Stiefvater der Mutter konnte das Kind nicht akzeptieren (Sonne-Pluto und Mond-Pluto stehen gelegentlich für eine schwierige Stiefelternbeziehung, manchmal auch für Eltern-Kind-Beziehungen, in denen seelische oder körperliche Gewalt eine Rolle spielen). Die Klientin berichtet, dass es mehrere Geheimnisse bezüglich der Familiengeschichte geben müsse, die Mutter hätte ihr dies auch mehrmals angedeutet. Dieses Geheimnisvolle, das Verbot, dass etwas ans Licht kommt, spielt bereits bei der Zeugung der Mutter eine Rolle, was durch Neptun an der Spitze von zwölf beschrieben wird.

Im Horoskop des Sohnes der Klientin (Horoskop 35) befindet sich wie bei seiner Mutter Jupiter im zwölften Haus, es handelt sich also wieder um ein Wunschkind. Die Mutter sagt, dass sie sehr glücklich über die Schwangerschaft war und beschreibt die Beziehung zu ihrem Sohn als innig, allerdings hätte sie besonders zu Beginn der Schwangerschaft auch starke Ängste gehabt, da gerade der Falklandkrieg stattfand und sie eine große Krise befürchtete. Im Horoskop des Sohnes liegt Kriegsgott Mars in Haus zwölf im Quadrat zu Uranus. Sein Mars steht zudem auf dem Pluto der Mutter, was deren Bedrohungserwartung beschreibt, die wiederum, da Pluto bei ihr an der Spitze von zwölf liegt, mit ihrer eigenen bedrohlichen Situation um die Zeugung herum zu tun hat.

Die Sonne als Herrscherin von zwölf steht auch hier wieder in Opposition zu Pluto. Auch dies kann natürlich mit der Bedrohlichkeit eines Krieges assoziiert werden, allerdings musste die Mutter auch gegenüber dem Vater (Sonne) »um die Schwangerschaft kämpfen«. Jupiter, das Prinzip der Erfüllung, löst Sonne/Pluto spätestens nach der ersten Hälfte der Schwangerschaft als prägendes Thema ab.

Jupiter in Haus zwölf, die erfüllende Schwangerschaft, steht hier im Quadrat zu Venus im zehnten Haus. Ich fragte die Klientin, ob es in der Beziehung zwischen ihr und ihrem Partner einen Konflikt zwischen Schwangerschaft und Liebe und/oder dem Beruf gegeben habe. Sie bestätigte dies und meinte, dass der Zustand ihrer Beziehung zu jener Zeit mit dieser Formulierung treffend beschrieben sei. Der Partner der Klientin war Leistungssportler und erachtete insbesondere die körperliche Liebe als hinderlich für seine Wettkampfchancen. In dieser Zeit war er kaum zu Hause anwesend, hat viel trainiert und an Wettkämpfen teilgenommen (Abwesenheit des Partners: Sonne-Pluto).

Die Klientin bezeichnet sich und ihren Sohn als sehr intuitiv, bei ihrem Sohn wäre es fast so, als könne er Gedanken lesen. Der Sohn kann sich nach Aussage der Mutter »sehr schlecht abgrenzen und macht sich die Probleme von anderen zu seinen eigenen«.

Vergleich der Generationen

In den Horoskopen aller drei Generationen – Großmutter, Mutter, Sohn – liegt die Sonne-Pluto-Opposition vor, in allen drei Fällen mit einem eindeutigen Bezug zu Haus zwölf. Das vorgeburtliche Trauma – mangelnde männliche Unterstützung – wurde offenbar mehrmals »weitergereicht«. Dieser Aspekt zeigt fast immer an, dass es den Vater »weggezogen« hat. Das kann an einer Traumatisierung seinerseits liegen, oft spielt ein früher Verlust eine Rolle. Wir sehen hier also ein Familienthema, das sich über die Generationen fortgesetzt hat. Im Falle der Mutter der Klientin gab es außerdem sexuelle Übergriffe seitens des Stiefvaters, der Vater der Klientin »flüchtete sich in den Alkohol«, der Stiefvater der Klientin hat ebenfalls sexuelle Übergriffe versucht, der Sohn der Klientin war früh vom Vater getrennt und leidet darunter. Alle diese Themen stehen im Zusammenhang mit Sonne/Pluto. In den Horoskopen der Großmutter und der Urgroßmutter der Klientin liegt Sonne/Pluto nicht vor, in beiden Fällen allerdings waren die Partnerschaften mit Angst und Gewalt verbunden. Auch in den Horoskopen der beiden Enkelkinder der Klientin liegt dieser Aspekt nicht vor. Dort finden sich allerdings Merkur als Herrscher von Haus zwölf im Quadrat zu Pluto und Pluto als Herrscher von Haus zwölf im Quadrat zum Mond.

Beim Vergleich der drei Horoskope 33, 34 und 35 fällt der Bereich im letzten Drittel des Löwen auf: Im Horoskop der Klientin liegen Jupiter und Pluto bei 25 und 27 Grad Löwe, der Zeugungspunkt bei 29:30 Grad Löwe. Im Horoskop ihrer Mutter liegt Neptun bei 22 Grad Löwe, der Zeugungspunkt sehr wahrscheinlich auch in diesem Bereich. Im Horoskop des Sohnes liegt der Haus-zwölf-Mars bei 26 Grad Löwe, Jupiter bei 0:30 Grad Jungfrau. Bei der Vielzahl von Planeten und Punkten, mit denen wir arbeiten, kann hier natürlich ein Zufall vorliegen. Dass diese Themen in allen drei Generationen mit der vorgeburtlichen Situation zu tun haben, ist allerdings statistisch außergewöhnlich.

In der Nähe des Punktes, an dem bei der Großmutter ein losgelöster Neptun liegt (ohne Aspekte zum Rest des Horoskops), der die Erfahrung völliger Verunsicherung beschreibt (unbekannter Vater oder Vater, der nicht genannt werden darf), liegen Jupiter, Pluto und der Zeugungspunkt ihrer Tochter. Die Entscheidung, ihr Kind gegen den Rat der eigenen Mutter zu bekommen, hat sowohl einen transformierenden und kämpferischen Aspekt (Pluto) als auch einen erfüllenden (Jupiter). Sehr wahrscheinlich wurde der tiefen Verunsicherung und Scham über die eigene Herkunft (Neptun) eine deutliche Grenze gesetzt, eine Entscheidung für das Leben, also auch für das eigene. Diese Entscheidung dürfte die werdende Mutter darin unterstützt haben, sich von alten Ängsten zumindest teilweise zu befreien, auch wenn die Situation selbst wieder angstbesetzt gewesen sein wird.

So wie sich bei der Klientin Jupiter/Pluto in diesem Abschnitt befindet, ist es bei ihrem Sohn Jupiter/Mars. In beiden Fällen ist also einer der Kriegsgötter beteiligt, deutliche Gegenreaktionen zu dem verwässernden Neptun der Großmutter. Dieser Neptun – das Nicht-genannt-werden-dürfen ihres Vaters – beschreibt ein Trauma, das in den nachfolgenden Generationen zu schwerwiegenden, verwirrenden Entwicklungen führen kann. Nur Pluto hat die Kraft, hier einen Schnitt vorzunehmen. Wenn wir den Pluto der Klientin betrachten, sollten wir daran denken, dass Pluto um den Zeitpunkt ihrer Zeugung herum tatsächlich über den Neptun der Mutter gelaufen ist. Und selbst in der nachfolgenden Generation tritt noch ein kämpferischer Mars an, um sich zu behaupten – Großmutter und Mutter mussten ja beide um die Schwangerschaft kämpfen.

In diesem Bereich liegen außerdem die Venus der Enkelin der Klientin, der Mond ihrer Großmutter und der Uranus ihrer Urgroßmutter (die Geburtszeiten der beiden Letzteren sind leider nicht bekannt).

Als einige Jahre nach der Geburt der Klientin Uranus über den Neptun ihrer Mutter lief, wurde diese erneut schwanger. Ob es zu einem Abbruch oder einem natürlichen Abgang kam, weiß die Klientin nicht. Als der zweite Partner der Mutter starb, lief Saturn über den Neptun der Mutter und Neptun stand in Opposition zu seiner Geburtsstellung.

Verlauf eines Familientraumas über fünf Generationen

Es wurden bereits einige Fallgeschichten vorgestellt, in denen sich ein traumatisches Thema über mehrere Generationen fortsetzt. Bei dem folgenden Beispiel liegen die Daten über fünf Generationen vor, die Geburtszeiten sind standesamtlich vermerkt, auch die der Urgroßmutter, die Mitte der 1880er geboren wurde. Die Geburtszeit wird in Deutschland seit 1876 standesamtlich erfasst, Geburten davor sind in den Kirchenbüchern registriert. Das Gespräch wurde mit der Interviewpartnerin geführt, zu der Horoskop Nr. 10 gehört. Da diese keine Klientin von mir ist, wird sie hier »Frau A.« genannt. Urgroßmutter (Horoskop 36), Großmutter (Horoskop 37), Mutter (Horoskop 38), Frau A. (Horoskop 10), Kind 1 (Horoskop 39), Kind 2 (Horoskop 40).

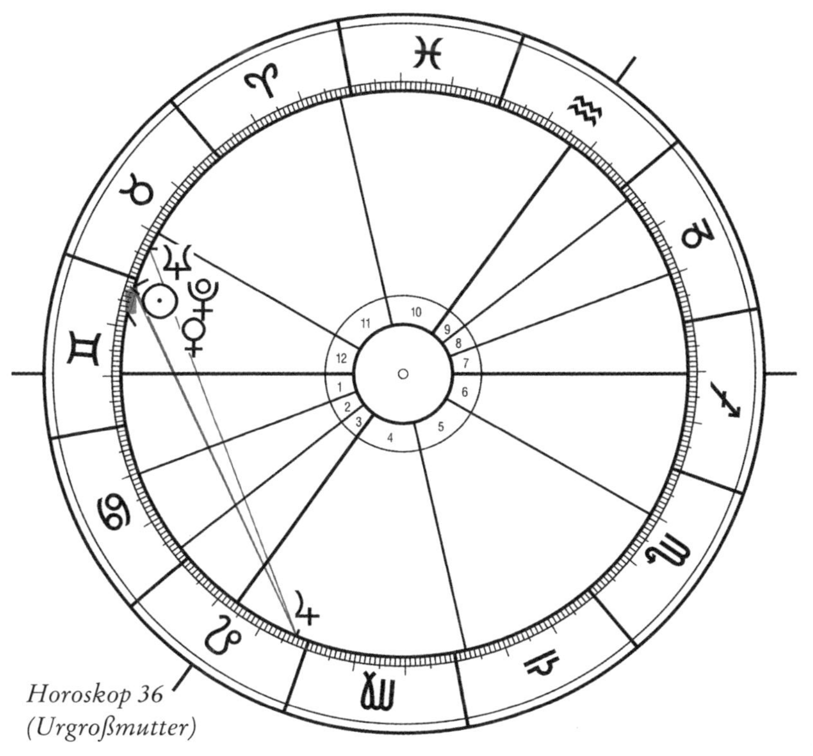

Horoskop 36 (Urgroßmutter)

Die Urgroßmutter (Horoskop 36)

Bei der Urgroßmutter liegen Neptun, Pluto, Sonne und Venus in Haus zwölf (ausgehend vom Zeugungspunkt in dieser Abfolge), Venus ist Herrscherin von zwölf. Über die pränatale Zeit ist nichts bekannt. Die Konstellationen im zwölften Haus zeigen, dass die Zeugung der Urgroßmutter mit Verwirrung oder Täuschung verbunden gewesen sein muss (Neptun), dass sie zunächst ungewollt war (Sonne/Pluto), was sich anschließend aber in ein Gewollt-Sein/Angenommen-Sein entwickelte (Venus). In der Schwangerschaft muss ihrer Mutter die männliche Unterstützung gefehlt haben (Sonne/Pluto).

Die Urgroßmutter wird nach Aussage der Mutter der Klientin als Seele der Familie beschrieben. Ihr Horoskop ist stark luftbetont, die Wasser-Häuser dominieren, Feuer ist so gut wie nicht vertreten. Wir haben es also mit einer Person zu tun, die sich mehr für die Bedürfnisse anderer einsetzt, als ihre eigenen überhaupt wahrzunehmen. Die Urgroßmutter musste mit einem schweren pränatalen Trauma umgehen, die starke Besetzung von Haus zwölf allein beschreibt bereits ihren ausgeprägten Bezug zu den Bedürfnissen anderer. Ihr Mann war gehbehindert (Sonne/Pluto) und sie hatte sieben oder acht Kinder, deren Geburten allesamt sehr schwer verliefen. Zwei der Kinder starben früh, eins kam behindert auf die Welt.

Mit Sonne/Pluto im zwölften Haus liegt in der pränatalen Phase seitens der Mutter der Urgroßmutter zumindest eine Zeit lang eine starke Ablehnung gegenüber dem werdenden Kinde vor, auch ein Abtreibungsversuch wäre denkbar. Bei dieser Ablehnung handelt es sich nicht etwa um eine Einstellung wie »im Grunde möchte ich kein Kind«, sondern um eine existenzielle, möglicherweise lebensbedrohliche Krise der werdenden Mutter. Immer wieder hat sich in Beratungen gezeigt, dass sich die Erfahrung einer Frau, die in der pränatalen Zeit existenziell bedroht gewesen war, in den eigenen Schwangerschaften widerspiegelt. Ich habe hierüber keine Statistik geführt, die geringe Anzahl der mir zur Verfügung stehenden Fälle würde dies auch nicht erlauben, aber die Dramatik dieser Lebensgeschichten weist in eine eindeutige Richtung.

Selbstverständlich gilt dies nicht für jeden Einzelfall, aber Komplikationen in der Schwangerschaft, schwere Geburten und Fehlgeburten scheinen bei Müttern mit eigenem pränatalen Trauma gehäuft vorzukommen. Dies wird auch durch die systemische Therapie bestätigt, nach der nicht bewältigtes Schicksal, nicht bewältigter Schmerz die Tendenz haben, sich in der nächsten oder übernächsten Generation einen Weg zu suchen, um wieder zum Ausdruck zu kommen. Und das Schicksal in der pränatalen Phase wirkt sich fast nur unbewusst und damit wieder schicksalhaft aus, weil es am schwersten bewusst gemacht werden kann.

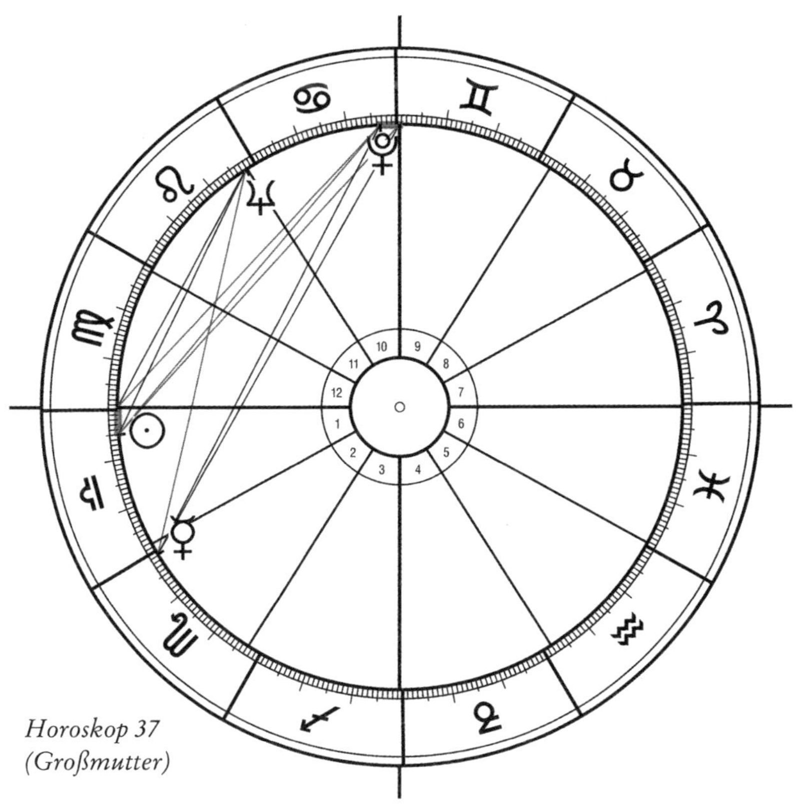

Horoskop 37
(Großmutter)

Die Großmutter (Horoskop 37)

Die Geburtszeit der Großmutter ist als exakte Stunde notiert worden – eine Ungenauigkeit, die in diesem Fall leider eine Rolle spielt. Die Spitze von Haus zwölf liegt mit dieser Geburtszeitangabe bei 0:40 Grad in der Jungfrau, weniger als fünf Minuten zuvor läge sie noch im Löwen. Das heißt, der Herrscher ist entweder Merkur, der ein Quadrat zu Neptun bildet, oder die Sonne mit einem Quadrat zu Pluto. Beide Aspekte greifen inhaltlich allerdings die pränatale Geschichte der Urgroßmutter auf, die Neptun an der Spitze von zwölf und Sonne Konjunktion Pluto in zwölf stehen hat.

Das erneute Auftreten von Sonne/Pluto zeigt, dass das Thema der mangelnden männlichen Unterstützung auch hier eine Rolle spielt, unabhängig davon, ob es einen Bezug zu zwölf gibt oder nicht. Sollte tatsächlich Merkur Herrscher über den Zeugungspunkt sein, wäre auch diese Empfängnis mit einem Geheimnis oder einer Täuschung belegt. Dass man in der Familie von Frau A. nicht über die Großmutter spricht, dass deren Existenz ein regelrechtes Tabuthema war, deutet in diese Richtung, auch die Tatsache, dass die beiden Kinder (vgl. Horoskop 38) der Großmutter verschiedene Väter hatten und unehelich zur Welt kamen, was in Deutschland in der Zeit kurz vor dem Zweiten Weltkrieg als Schande galt und in der Familie auch als solche empfun-

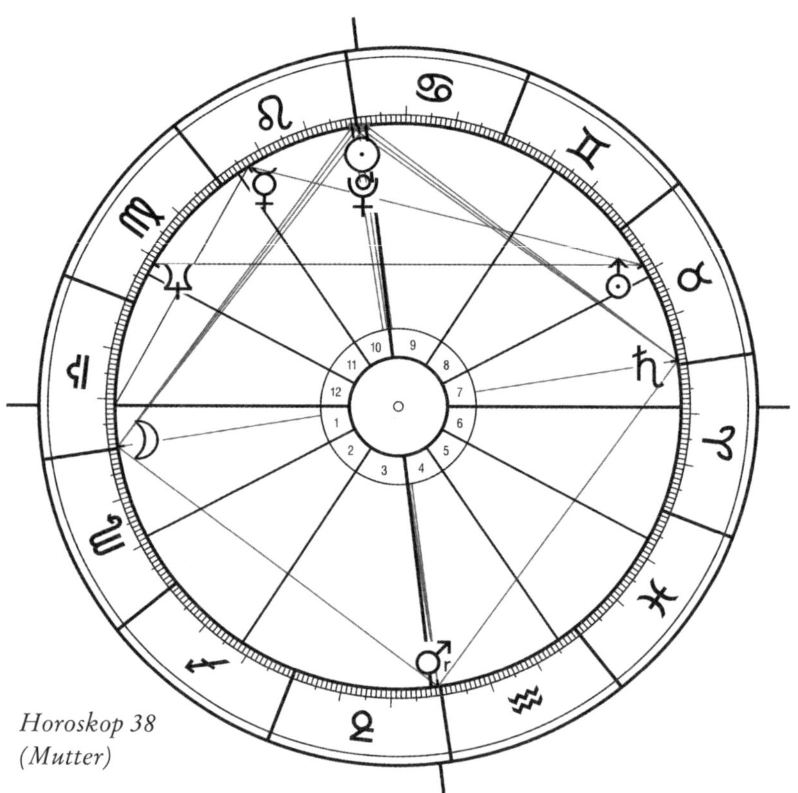

Horoskop 38 (Mutter)

den wurde. Über das Leben der Großmutter ist daher in der Familie wenig bekannt, sie starb im mittleren Alter als Alkoholikerin.

Als Uranus in ihrem Horoskop über Pluto lief, zudem im Quadrat zur Sonne, und sozusagen eine Befreiung bezüglich des Themas mangelnde männliche Unterstützung herausforderte, hat sie geheiratet. Als Uranus über Neptun lief, im Quadrat zu Merkur, und eine Befreiung vom Zeugungstrauma in Aussicht stellte, ist sie gestorben.

Die Mutter (Horoskop 38)

Die Mutter von Frau A. kam Ende der 1930er unehelich auf die Welt, der Vater ist unbekannt. Die Zeugung fand vermutlich auf einem Fest statt, sehr wahrscheinlich durch einen Soldaten, der im Dorf der Großmutter stationiert war. Die Großmutter hat das Dorf für die Zeit der Schwangerschaft verlassen und lebte bis zur Geburt in einer speziellen Einrichtung für ledige werdende Mütter in einer nahegelegenen Stadt. Nach der Geburt kehrte sie mit dem Kind in ihr Dorf zurück.

Wie bei der Urgroßmutter steht hier Neptun am Zeugungspunkt und wie in anderen bereits aufgeführten Beispielen hat dies eindeutig mit der Verunsicherung über den eigenen Ursprung zu tun. Sollte der Zeugungspunkt der Großmutter tatsächlich in der Jungfrau liegen und damit Merkur/Neptun das Geschehen beherrschen, hätten hier drei aufeinanderfolgende Generationen mit einer neptunisch geprägten Zeugungssituation zu tun, also mit der Verwirrung und Unkenntnis bezüglich des Vaters. Die Sonne/Pluto-Konstellation, die ohnehin den Mangel an väterlicher Unterstützung anzeigt, liegt auch hier vor, allerdings nicht in Bezug zum zwölften Haus. Dieses Thema zieht sich also ebenfalls durch die drei Generationen.

Sonne/Pluto steht bei der Mutter von Frau A. direkt auf dem MC, in einem dramatischen großen Quadrat mit Mond, Saturn und Mars (direkt am IC). Es sieht danach aus, als ob die schwere Entwicklung, die die drei Generationen betraf, im Horoskop der Mutter von Frau A. ihren Höhepunkt findet. Bei der Urgroßmutter stand Sonne/Pluto noch tief im Unbewussten in Haus zwölf. Sie wird natürlich um ihre

Geschichte gewusst haben, aber der Kontakt zu dem damit verbundenen Schmerz ist normalerweise nur teilweise bewusst. Sonne/Pluto im zwölften Haus wird zu einem großen Teil über Hingabe und Aufopferung gelebt. Sonne/Pluto in Haus eins und Haus zehn im Horoskop der Großmutter zeigt einen Kampf um die eigene Identität an, ebenfalls verbunden mit der Erfahrung, etwas opfern zu müssen. Das große Quadrat im Horoskop der Mutter wirkt dramatisch, angespannt und wird sicher mit sehr schmerzhaften Erfahrungen verbunden sein. Im Gegensatz zu den beiden vorhergehenden Horoskopen ist dieses aber äußerst kraftvoll. Sonne/Pluto an höchster Stelle scheint darauf zu deuten, dass die Bewältigung dieses Themas hier zu einer Art Lebensaufgabe geworden ist. In den beiden nachfolgenden Generationen ist das plutonische Thema dann auch deutlich abgeschwächt.

Die Mutter von Frau A. hatte eine deutlich stärkere Beziehung zu ihrer Großmutter (Urgroßmutter von Frau A.) als zu ihrer Mutter. Die beiden gemeinsamen Aspekte von Neptun und Pluto betreffend werden nicht die einzige Erklärung dafür sein, deuten aber eine tiefe Verbindung an.

Frau A (Horoskop 10)

Merkur, Herrscher von Haus zwölf, steht an dessen Spitze in einem großen Quadrat mit Mond, Saturn und Uranus. Merkur/Uranus zeigt eine starke Unruhe um die Zeit der Zeugung herum an, die Mutter hatte sechs Monate vor dieser Schwangerschaft ihr erstes Kind wenige Tage nach der Geburt verloren. Die beteiligten Planeten an diesem großen Quadrat zeigen, dass die neue Schwangerschaft die Mutter stark bewegt haben muss, Merkur/Mond weist auf einen Konflikt zwischen Gefühl und Verstand, Saturn/Uranus auf einen Konflikt zwischen dem Alten und dem Neuen. Da Uranus im vierten Haus steht, hat diese starke Unruhe generell die frühe Kindheit geprägt. Frau A. schreibt, dass sie bis zum zehnten Lebensjahr siebenmal umgezogen ist.

Im Horoskop von Frau A. und in denen ihrer beiden Kinder bildet Pluto keinen harten Aspekt mehr. Bei Frau A. steht er im vierten Haus,

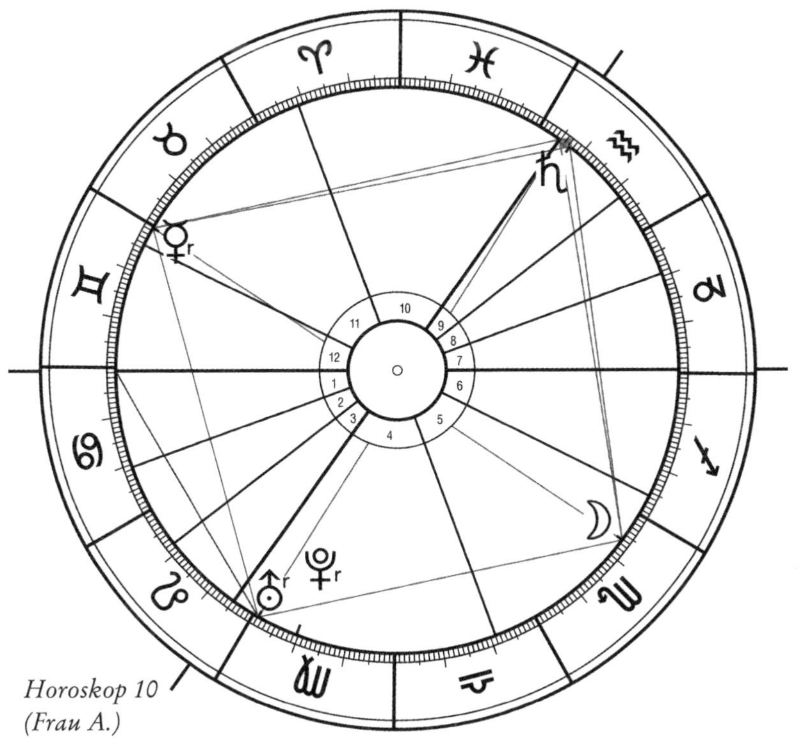

Horoskop 10
(Frau A.)

was zeigt, dass die Herkunftsfamilie, die frühe Kindheit und Impulse aus der mütterlichen Linie plutonisch gefärbt sind. Pluto in Haus vier erscheint hier wie ein Nachhall auf das Drama der drei vorhergehenden Generationen. Im Horoskop ihres ersten Kindes (ein Mädchen) bildet Pluto sogar ein Trigon mit der Sonne. Auch in diesem Fall kann es zu schwierigen Entwicklungen bezüglich des Vaters und später der Partner kommen, doch hier werden die Erfahrungen viel schneller verarbeitet und die gewonnenen Erkenntnisse genutzt.

In den Horoskopen von Frau A. und denen ihrer Kinder liegt allerdings Sonne/Neptun vor, einmal als enge Konjunktion, zweimal als enge Opposition. Ich sehe dies durchaus als Weiterführung eines Familienthemas. Sonne/Pluto ist mit härteren Erfahrungen verbunden, aber auch Sonne/Neptun spricht von der mangelnden Unterstützung durch die männliche Kraft. Und so fasst Frau A. zusammen: »Die Männer fehlen seit Generationen in unserer Sippe oder/und waren keine starken Männer.«

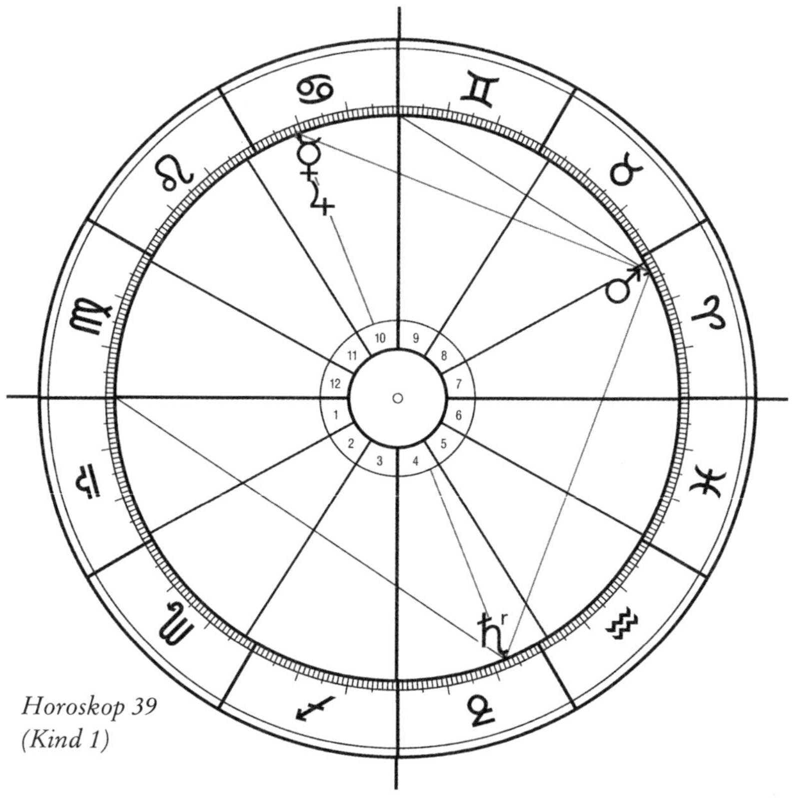

Horoskop 39 (Kind 1)

Kind 1 – Tochter (Horoskop 39)

In den Horoskopen beider Kinder von Frau A. hat Jupiter einen Bezug zur pränatalen Phase, im ersten steht er in Konjunktion mit dem Herrscher von Haus zwölf, im zweiten direkt im zwölften Haus. Frau

A. berichtet, dass beides Wunschschwangerschaften waren, beide Kinder wollte sie »unbedingt«. Beide Schwangerschaften verliefen schwierig, dazwischen gab es eine Eileiterschwangerschaft mit schwierigem Verlauf. Die schwierige Schwangerschaft ist im Horoskop der Tochter angezeigt durch Mars/Saturn in Kontakt zum Herrscher von zwölf. Aufgrund frühzeitiger Wehen musste Frau A. Medikamente nehmen.

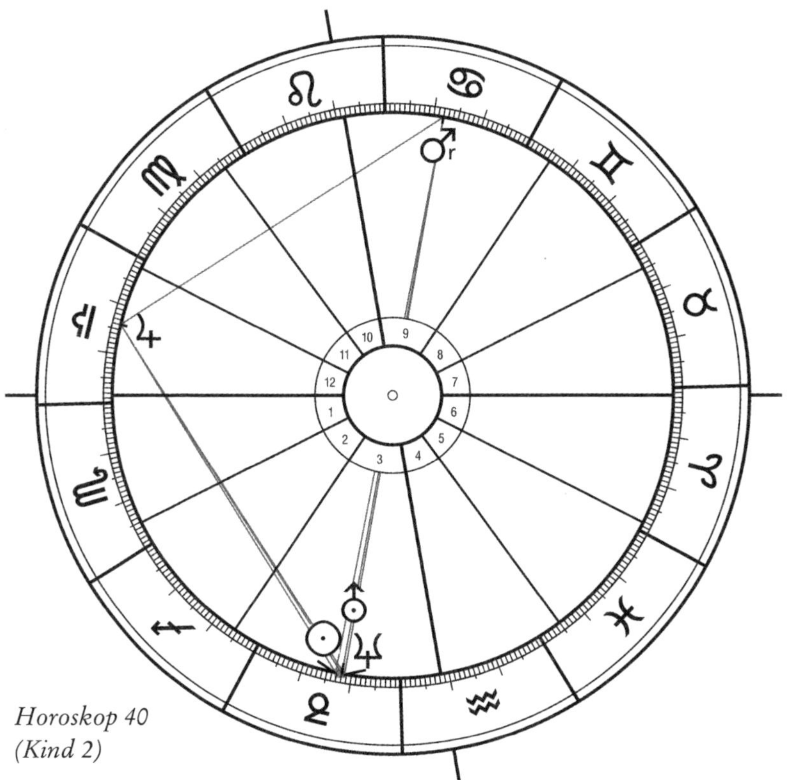

Horoskop 40 (Kind 2)

Kind 2 – Sohn (Horoskop 40)

Vor dieser Schwangerschaft zweifelte Frau A. daran, dass es noch einmal zu einer Empfängnis kommen könne, wünschte sich dies aber sehr.

Wieder bestand die Gefahr, dass sie das Kind nicht austragen könne, außerdem gab es starke Spannungen mit dem Vater des Kindes. Jupiter, der hier die Wunschschwangerschaft anzeigt (neben Venus als Herrscherin von Haus zwölf), bildet eine ganze Reihe schwieriger Aspekte, unter anderen das Quadrat zu Sonne/Uranus (Stress mit dem Vater). Frau A. beschreibt ihren Sohn als sehr empfindsam, er benötigt immer wieder Phasen intensiven Rückzugs, mochte als Kind niemanden in sein Zimmer lassen und benötigt lange Zeit, um neue Schritte zu wagen.

Wunschkinder

In meinen Klientengesprächen wurde in den vergangenen zwei Jahren zwölfmal das Stichwort »Wunschschwangerschaft« oder »Wunschkind« genannt und zwar in dem Sinne, dass dieses Thema eine herausragende Rolle spielte. In der Zeit davor habe ich dieses Thema nicht notiert, da ich mich bis dahin nur mit den schwierigen Konstellationen Haus zwölf betreffend befasst hatte. Dieses Stichwort wurde in den Besprechungen jeweils von den Klientinnen genannt, ohne dass ich das Gespräch darauf gelenkt hätte. In einem Fall konnte ich keinen Bezug zu Haus zwölf feststellen. In sechs Fällen liegt Jupiter im zwölften Haus, in vier Fällen Venus (in einem davon Jupiter und Venus), in einem Fall steht Jupiter im Trigon zur Spitze von Haus zwölf, in einem Venus in Konjunktion mit dem Herrscher des zwölften Hauses.

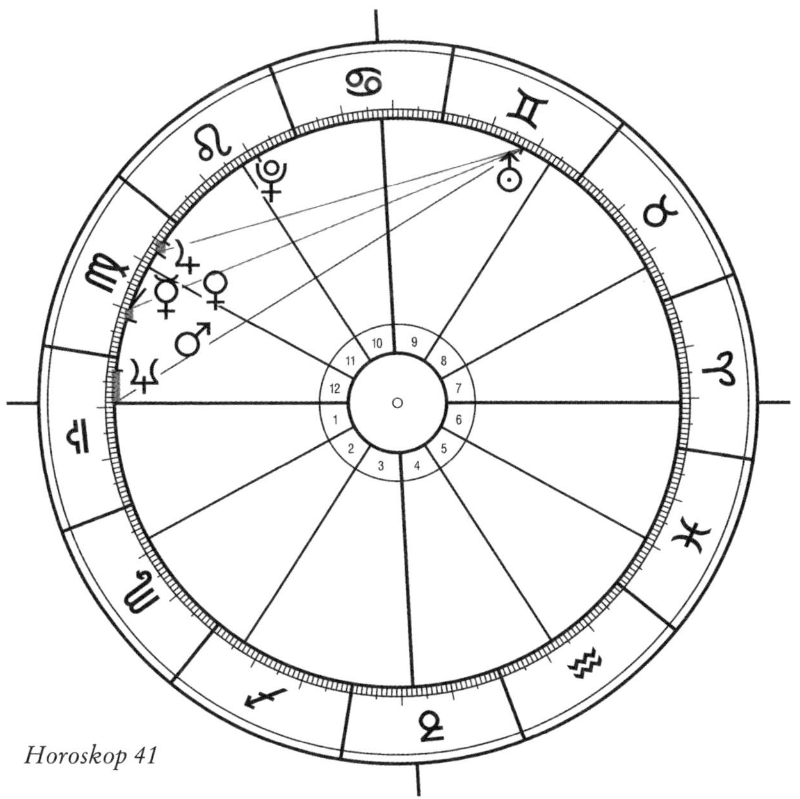

Horoskop 41

Die Venus/Jupiter-Konjunktion an der Spitze des zwölften Hauses (Horoskop 41) bestätigt die Aussage der Betreffenden, von Anfang an ein regelrechtes Wunschkind gewesen zu sein. Merkur, Mars stehen in Spannung zu Uranus: Sie erlebte die Bombenangriffe auf Hamburg im Mutterleib und litt bis zum zwölften Lebensjahr unter Träumen und Visionen von Feuersbrünsten. Jupiters zweiter Eintritt in das zwölfte Haus hat sie offensichtlich von diesen Alpträumen befreit (Alpträume werden Haus zwölf zugeordnet, Jupiter unter anderem Erlösung und Befreiung). Neptun kann hier natürlich für die allgemeine Verunsicherung kurz vor Ende des Krieges stehen, außerdem gab es jedoch ein Tabuthema, das die Mutter schwer verunsichert hat: die Homosexualität ihres Mannes, die geheim gehalten werden musste.

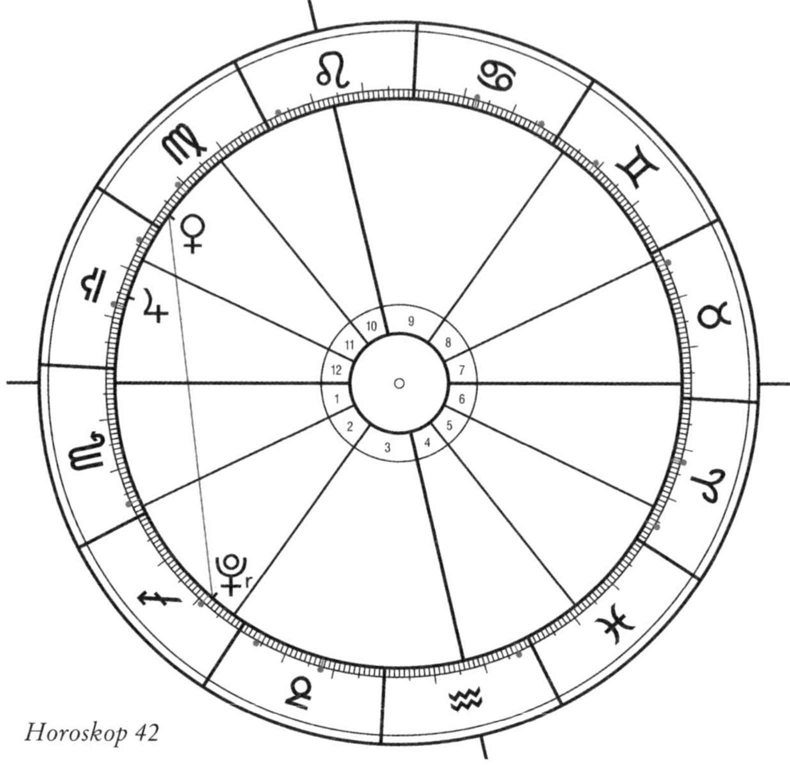

Horoskop 42

In Horoskop 42 steht Jupiter im zwölften Haus. Nach Aussage der Mutter handelt es sich hier um ein ausgesprochenes Wunschkind, auch der Vater wollte das Kind. Die Beziehung der Eltern war zu der Zeit leidenschaftlich, aber sehr schwierig, es gab viel Streit, mehrere Trennungen und Versöhnungen (Zeugungsherrscherin Venus im Quadrat mit Pluto).

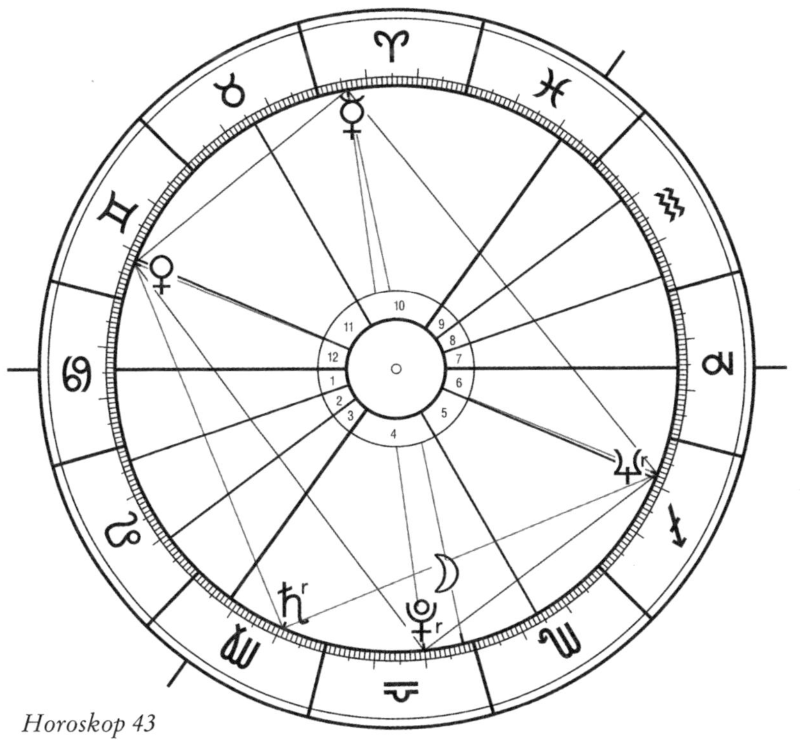

Horoskop 43

Hier befindet sich eine verletzte Venus an der Spitze von Haus zwölf (Horoskop 43). Die Mutter sagt ausdrücklich, dass es sich um ein Wunschkind gehandelt habe, und zwar ab der Erkenntnis, dass sie schwanger geworden war. Zu dieser Zeit musste die Mutter sich anderen Familienmitgliedern gegenüber in einem Erbschaftsstreit durchsetzen und war tief verunsichert darüber, ob sie das Recht dazu hätte. Ihre Tochter leidet selbst als junge Frau noch unter unerklärlichen Ängsten und besitzt eine ausgeprägte Intuition. Venus steht hier also auch für die Auseinandersetzung der Mutter mit den Familienfinanzen zum Zeitpunkt der Empfängnis, Saturn in Haus vier für die Durchsetzung gegenüber der Familie, Neptun für die Verunsicherung, Haus-zwölf-Herrscher Merkur in Opposition zu Mond und Pluto in vier für die emotionale Dramatik und die heftigen Anfeindungen, über die die Mutter ebenfalls berichtete.

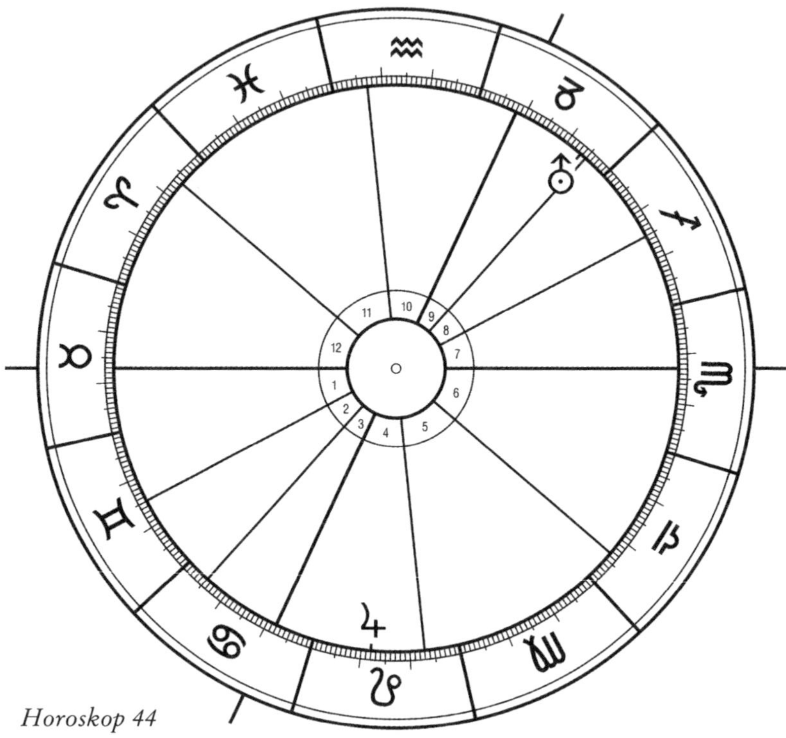

Horoskop 44

Obwohl die Mutter (Horoskop 44) sich jahrelang nach einer Schwangerschaft sehnte und es sich von Anfang an um ein Wunschkind handelte, überkam sie zu Beginn der Schwangerschaft der starke Drang nach einer Abtreibung. Jupiter im Trigon und Uranus im Quadrat zum Zeugungspunkt spiegeln diese Diskrepanz.

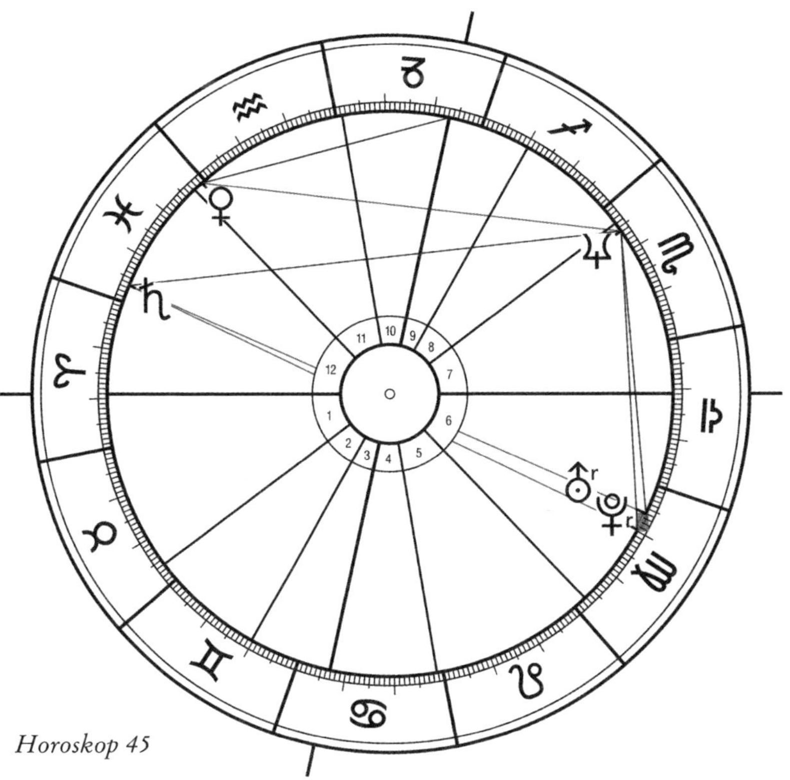

Horoskop 45

Ein Wunschkind (Horoskop 45) mit der Venus an der Spitze von Haus zwölf, von dem sich die Mutter von Anfang an erhoffte, es möge ein Mädchen werden. Das weibliche Symbol in Verbindung mit dem Prinzip von Täuschung und Enttäuschung.

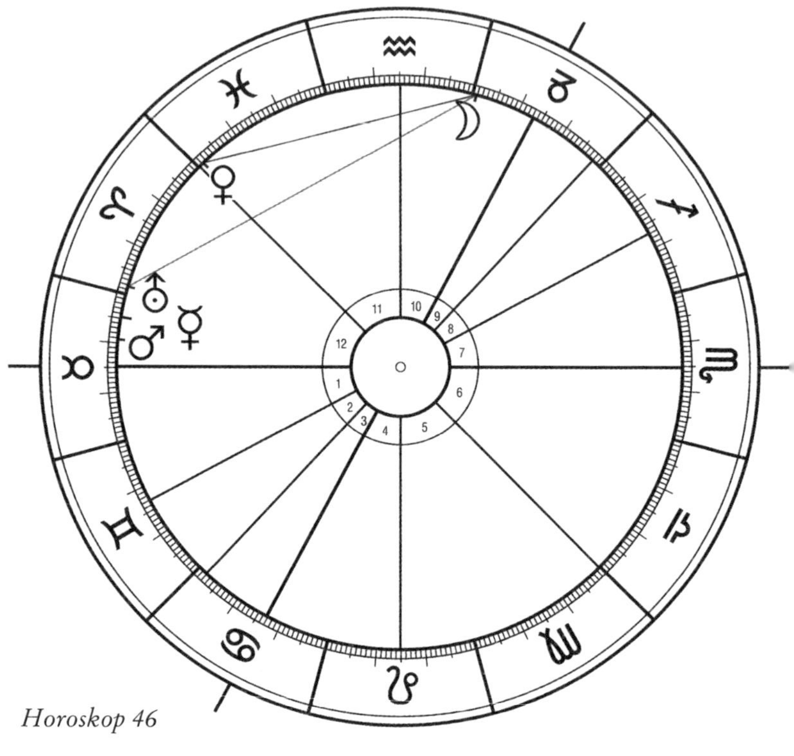

Horoskop 46

Dieses Beispiel zeigt zwei außerordentlich widersprüchliche Erfahrungen (Horoskop 46). Die Betreffende soll ein Wunschkind gewesen sein und Venus am Zeugungspunkt bestätigt dies. Dennoch hat sie sich nie von ihrer Mutter angenommen gefühlt (Mond Quadrat Uranus). Selbstverständlich ist für werdende Mütter die Erkenntnis, schwanger zu sein, und die Erfahrung, eine Schwangerschaft durchzumachen, oft mit widersprüchlichen Gefühlen verbunden. Ich vermute, dass hier das anfängliche erfreute Annehmen der Schwangerschaft im letzten Drittel von der Erfahrung »es wird mir zu eng« abgelöst wurde.

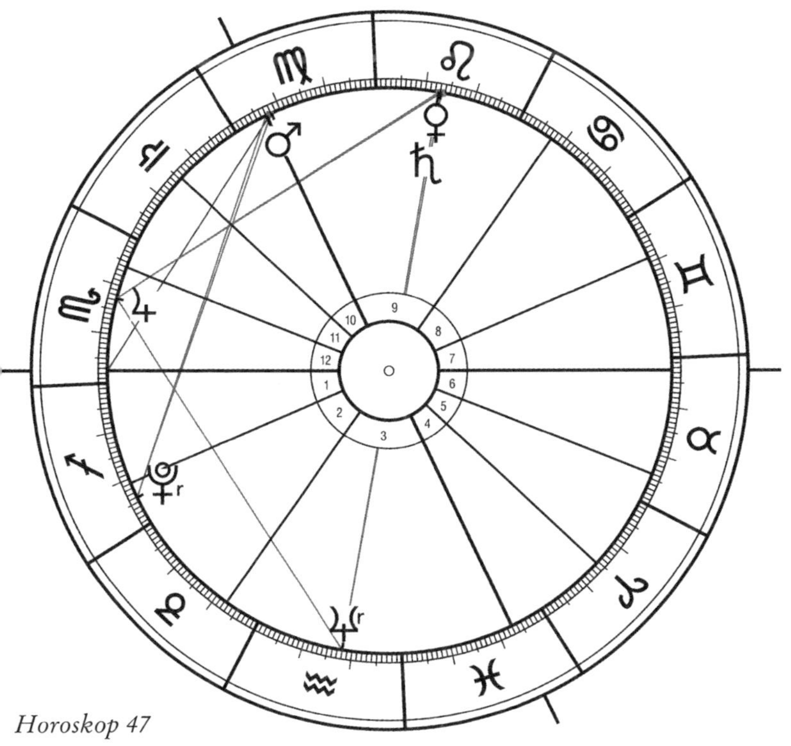

Horoskop 47

Ein weiteres Beispiel mit Jupiter im zwölften Haus (Horoskop 47). Obwohl die Eltern nicht zusammenpassten (Sonne und Mond stehen im Halbsextil, ansonsten sind beide unaspektiert), war dies für die Mutter ein Wunschkind und der Vater war »stolz auf die Schwangerschaft«. Sowohl der Zeugungs- als auch der Geburtspunkt liegen im Skorpion. Die beiden Herrscher Mars und Pluto stehen im Quadrat zueinander (Mars am höchsten Punkt). Die Zeugung geschah in der rein sexuellen Beziehung in großer erotischer Leidenschaft, bei der Geburt schwebten Mutter und Sohn in Lebensgefahr.

Der Wunsch nach dem bevorzugten Geschlecht

Mädchen oder Junge – viele werdende Eltern wissen, welches Geschlecht ihnen bei ihrem Kind lieber wäre. Manchmal spielt der Wunsch nach dem »richtigen« Geschlecht in der Schwangerschaft allerdings eine besondere Rolle. Ich bin einigen wenigen Fällen begegnet, in denen es eine regelrechte Enttäuschung über das Geschlecht des neugeborenen Kindes gab.

Zu Horoskop 45 wurde schon erwähnt, dass die Mutter sich sehnlichst ein Mädchen wünschte. Zu der Zeit gab es in Deutschland noch keine Ultraschalluntersuchungen und die Mutter war eine Zeit lang irritiert, dass sie einen Jungen zur Welt gebracht hatte. Venus am Zeugungspunkt im Quadrat zu Neptun steht hier für eine ganze Reihe von Themen besonders zu Beginn der Schwangerschaft, die in der Beratung zur Sprache kamen, allerdings auch für die Täuschung über das und die Sehnsucht nach dem weiblichen Geschlecht.

Mit Horoskop 48 ist praktisch die gegenteilige Erfahrung verbunden: Die Mutter hatte einen außerordentlich starken Wunsch nach einem Jungen und war während der ganzen Schwangerschaft davon überzeugt, dass ihr Kind männlichen Geschlechts sein würde. Selbst als eine Ultraschalluntersuchung das Gegenteil nahelegte, ging sie von einer fehlerhaften Aufnahme aus. Hier sind sogar beide geschlechtlichen Prinzipien verletzt, Mars von Uranus und Neptun, Venus von Uranus. Wieder aspektieren Neptun und das bevorzugte Geschlecht (Mars) den Zeugungspunkt. Mit fast 16 Jahren teilte dieses Mädchen ihrer Familie den Entschluss mit, sich später zum Mann umoperieren zu lassen. Zu diesem Zeitpunkt stand Uranus kurz vor dem Übergang über ihre Sonne und Neptun war kurz davor, das zwölfte Haus zu verlassen.

Wenn die männliche Unterstützung fehlt

Sonne und Mond im achten und zwölften Haus oder in harten Aspekten zu Neptun und Pluto können ein Hinweis darauf sein, dass es den betreffenden Elternteil »weggezogen« hat. Bei Sonne und

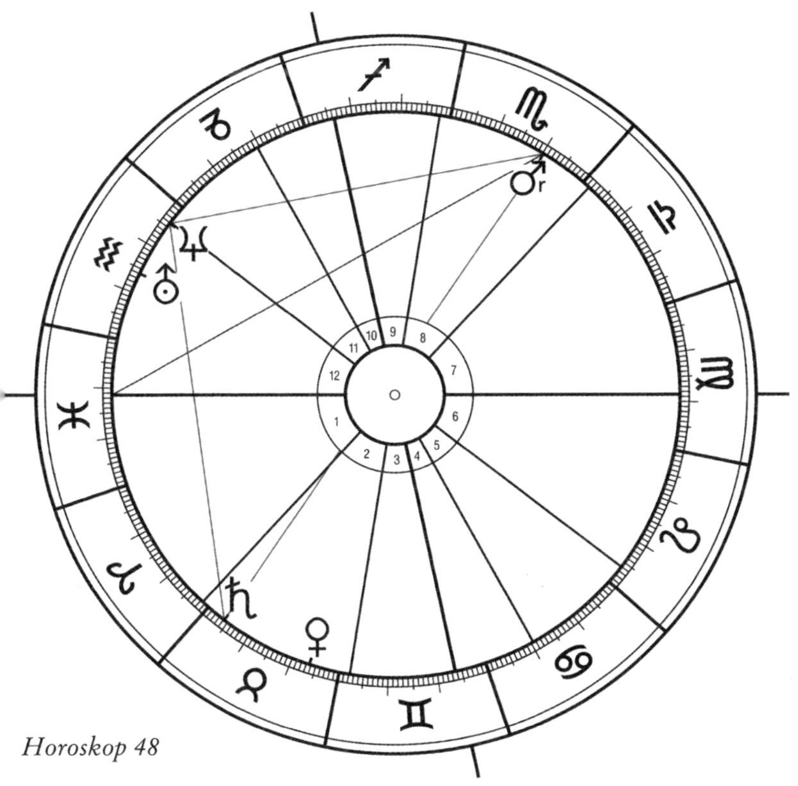

Horoskop 48

Mond im zwölften Haus ist dies so gut wie immer der Fall. »Wegziehen« bedeutet, dass dieser Elternteil nicht richtig in der Familie präsent ist, dass er emotional stärker verbunden ist mit seiner Herkunftsfamilie, mit Verstorbenen oder mit einem ehemaligen Partner, von dem er sich trennen musste. Der Grund dafür ist fast immer ein eigenes Trauma.

Bei vielen Menschen mit Sonne oder Mars im zwölften Haus war die Mutter während der Schwangerschaft von ihrem Mann getrennt, litt unter dem Mangel an männlichem Rückhalt und fühlte sich auf sich allein gestellt. Die Betreffenden entwickeln häufig die Haltung, alles mit sich allein abmachen zu müssen und leiden manchmal unter unbestimmten Bedrohungserwartungen.

Die Mutter in Horoskop 14 (siehe Seite 65) fühlte sich alleingelassen, sie musste alles für sich allein klären. Der Vater war »wankelmütig«, überließ ihr die Entscheidung, ob sie das Kind bekommen oder abtreiben will.

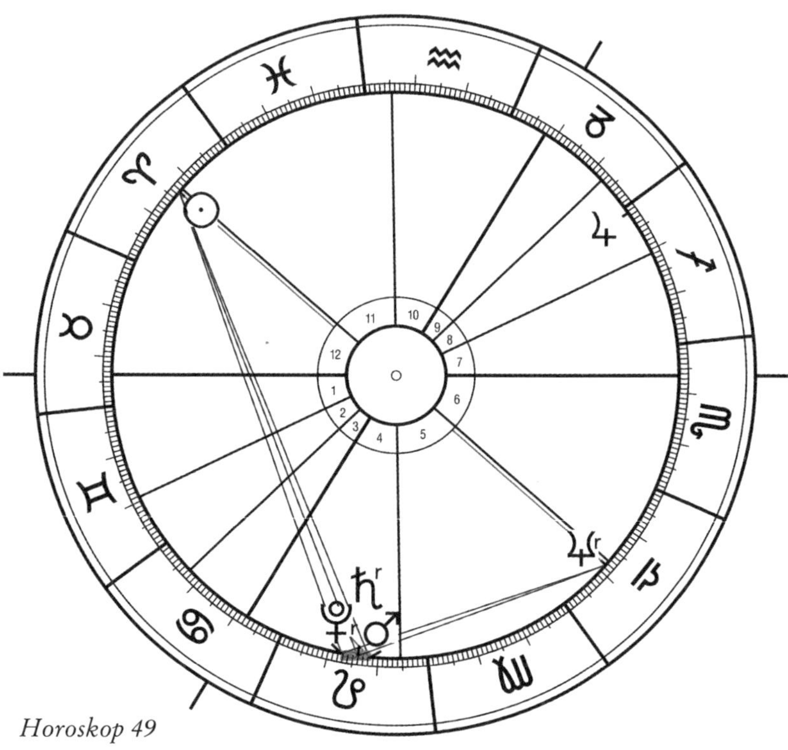

Horoskop 49

Die Sonne an der Spitze von Haus zwölf in Opposition zu Neptun (Horoskop 49) enthält eine Doppelbetonung der Neptunthematik. Der Vater war gerade von der ersten Frau getrennt, mit der er ein Kind hatte, von dem er nicht wusste, ob es seines ist. Die Interviewpartnerin sagt: »es zog ihn in die vorige Familie«. Die Betreffende ist stark intuitiv und arbeitet in einem Bereich, in dem sie diese Fähigkeit anwendet.

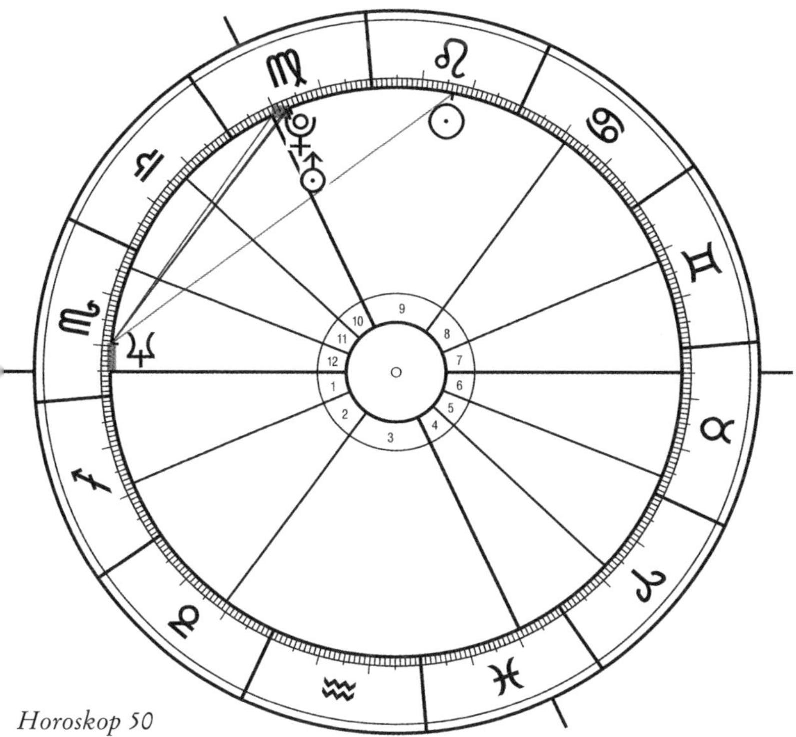

Horoskop 50

Die Sonne steht in Horoskop 50 im Quadrat zu Neptun in Haus zwölf. Hier gibt es eine starke Verwirrung darüber, wer der Vater ist. Der wirkliche Vater wurde geheim gehalten. (Siehe auch Seite 130 Kapitel »*Transite*«.)

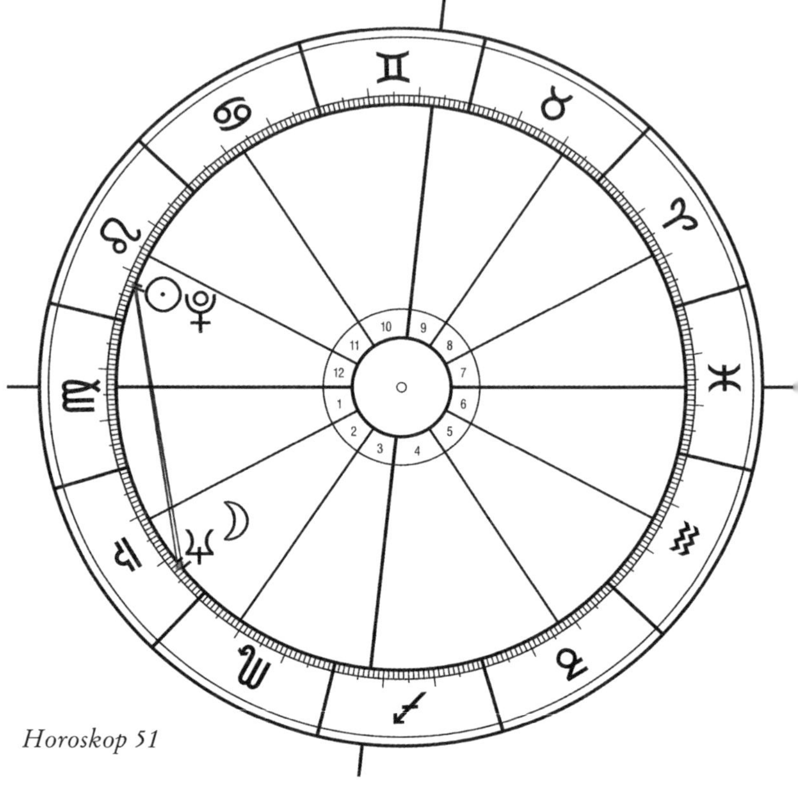

Horoskop 51

Horoskop 51 zeigt ein Konjunktion von Sonne und Pluto in Haus zwölf, Mond Konjunktion Neptun (Letzteres durch das Sextil zu Sonne und Mond ohne dramatischen Bezug zu Haus zwölf). Beide Eltern haben sehr früh einen Elternteil verloren, der Vater war zum Zeitpunkt der Empfängnis mit einer anderen Frau verheiratet. Die Betreffende berichtet von großer unerfüllter Sehnsucht und davon, dass es die Männer in ihrem Leben wegzieht. Das, was viele Neptun- und manche Plutobetonte als unstillbare Sehnsucht bezeichnen, ist deswegen unstillbar, weil die Lösung des Themas nicht durch die eigene Person stattfinden kann. In der Aufstellungsarbeit der systemischen Familientherapie wird diese Aufgabe symbolisch an die Eltern oder andere betreffende Vorfahren zurückgegeben. In den vergangenen 20 Jahren wurden sehr viele Menschen mit dieser Art von symbolischer Arbeit vertraut.

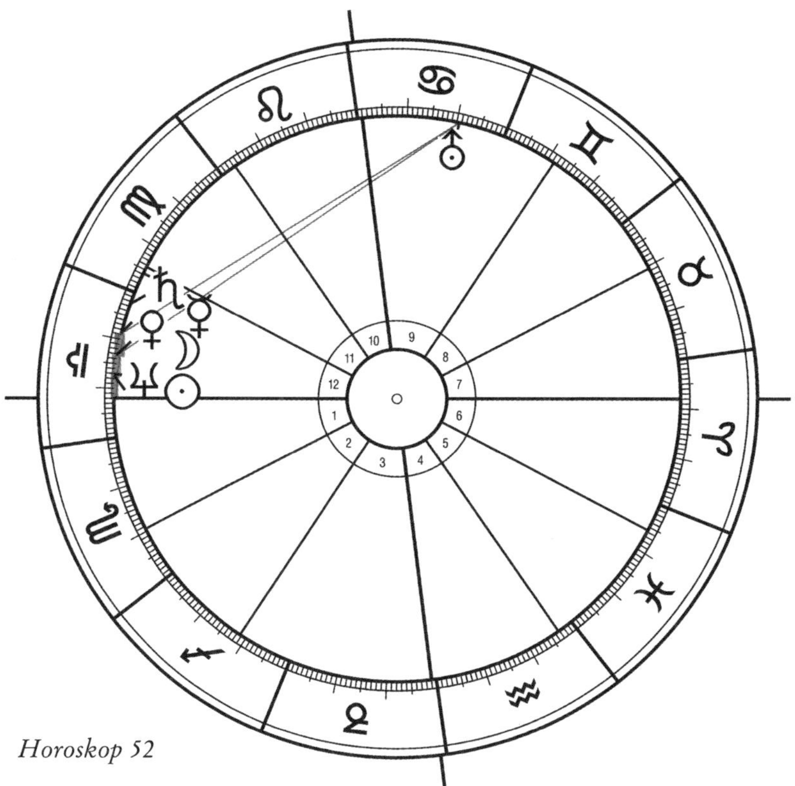

Horoskop 52

Horoskop 52 zeigt eine Planetenballung im zwölften Haus, einschließlich der Sonne/Neptun-Konjunktion. Die Klientin weiß fast nichts über die pränatale Zeit, nur dass der Vater nicht da war. Mit 64 Jahren leidet sie immer noch unter Depressionen und starken Einsamkeitsgefühlen.

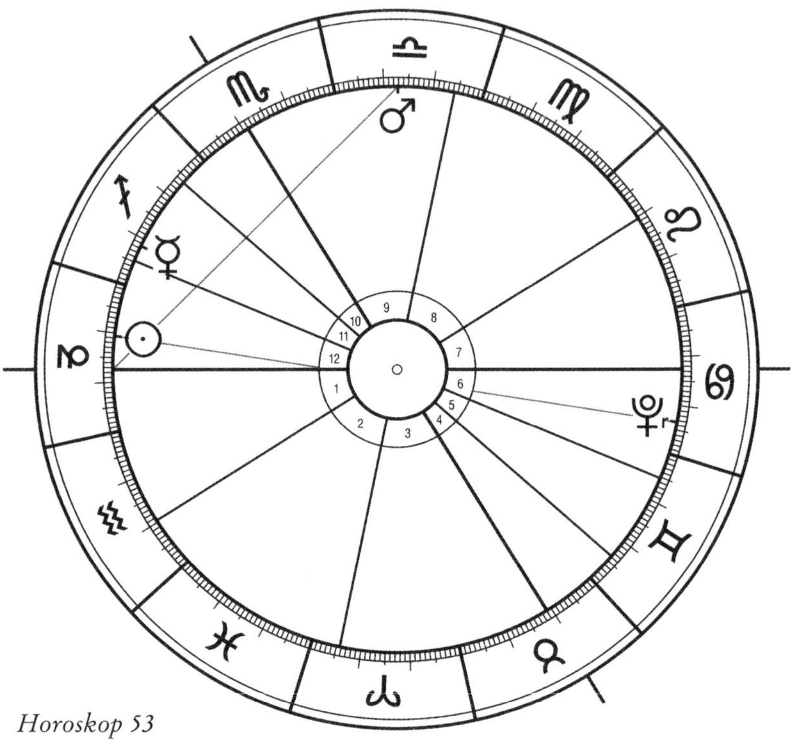

Horoskop 53

In Horoskop 53 steht die Sonne in Haus zwölf in Opposition zu Pluto. Die Mutter wurde ungewollt unehelich schwanger in den 1920er-Jahren, und es wurde nie geklärt, welcher von zwei Männern der Vater ist. Der zweite Mann wird hier durch Mars repräsentiert.

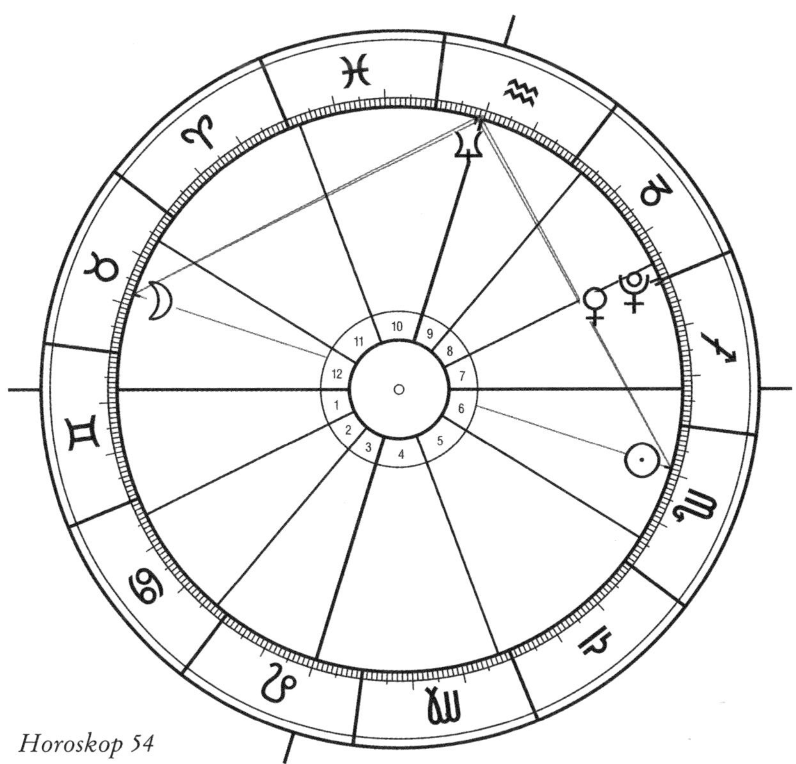

Horoskop 54

Ein Beispiel, in dem weder die väterliche noch die mütterliche Unterstützung mitgegeben wurden, (Horoskop 54). Nach Aussage der Pflegemutter handelt es sich bei diesem zum Zeitpunkt des Gespräches noch jungen Mädchen um eine »Partyzeugung«. Zeugungsherrscherin Venus steht in Konjunktion mit Pluto. Die Mutter wollte das Kind nicht, sie hatte kurz zuvor ihre eigene Mutter sowie die Großmutter und damit jeglichen Halt im Leben verloren. Während der Schwangerschaft hat sie außerdem Drogen genommen.

Auch Mars in Haus zwölf kann den Verlust der männlichen Unterstützung anzeigen. Mir sind zwei Fälle begegnet, in denen Mars im zwölften Haus in Opposition zu Neptun im sechsten Haus steht. In beiden Fällen war die Mutter in der Schwangerschaft vom Vater getrennt und lebte in der Familie des Mannes, beide werdenden Mütter wurden von der Familie abgelehnt, eine hatte den Verdacht, von der Familie »beseitigt« werden zu sollen. Die beiden Nachkommen – ein Mann und eine Frau – ziehen lebensbedrohende, verwirrende Partnerschaftsverhältnisse geradezu magisch an.

Haus neun und Haus zehn

Es liegt in der Natur dar Sache, dass es generell schwierig ist, Schwangerschaft und Beruf gleichzeitig zu bewältigen. Bilden Planeten in Haus zwölf Quadrate zu Planeten in Haus neun oder Haus zehn, kann es für die Mutter einen bedeutsamen Konflikt gegeben haben zwischen der Schwangerschaft und den beruflichen Zielen. Haus neun betrifft dabei mehr die Ausbildung, Haus zehn die berufliche Situation. Für die Betreffenden können dann im eigenen Leben die Ausbildung und der berufliche Erfolg durch unbewusste Verhaltensmuster ungünstig beeinflusst werden. Hier kann es sinnvoll sein, die berufliche Situation der Mutter zur Zeit der Schwangerschaft zu untersuchen. Vielleicht wurde die Schwangerschaft als Vorwand genommen, eine anstrengende Berufswelt ganz hinter sich zu lassen, oder die Mutter musste unfreiwillig ihre beruflichen Träume aufgeben. Solche unbefriedigenden „Lösungen“ können im Leben der Betreffenden weiterwirken.

Eine Klientin kam in die Beratung, um die Ursachen für ihre starken Stimmungsschwankungen zu klären, unter denen schon ihr ganzes Leben lang litt. Pluto an der Spitze des zwölften Hauses steht bei ihr im Quadrat zum Mond in Haus neun. Im Gespräch stellte sich heraus, dass ihre Mutter gleich zu Beginn der Schwangerschaft ihre Ausbildung zur Reisekauffrau aufgeben musste. Die Klientin selbst hatte bereits mehrere Ausbildungen abgebrochen, weil sie ihre Fähigkeiten immer wieder infrage stellte. Der Zusammenhang zwischen den heftig wechselnden Stimmungen der Klientin und der emotional dramatischen Zeit der werdenden Mutter konnte in einer späteren Familienaufstellung bestätigt werden.

In Horoskop 22 liegen mehrere Spannungen zwischen Haus zwölf und Haus neun vor (siehe Seite 73). Aufgrund der Schwangerschaft musste die Mutter ihren Wunsch nach einer beruflichen Ausbildung aufgeben. Die Betreffende musste eine ganze Reihe von Aus- und Fortbildungen durchlaufen, bis sie ihren sehr eigenen beruflichen Weg gefunden hat.

In Horoskop 8 gibt es keine Spannung zwischen Haus zwölf und Haus neun, allerdings befindet sich der Zeugungsherrscher in sehr angespannter Lage im neunten Haus: »Da meine Mutter mit mir unehelich schwanger war, hat sie ihren Ausbildungsplatz verloren.«

Wasser-Mangel

Manchmal fällt eine Haus-zwölf-Betonung mit einem Mangel des Elements Wasser im Horoskop zusammen. Dies ist eine etwas irritierende Verbindung – die Betreffenden zeigen meist deutliche Wasser-Eigenschaften, besitzen Intuition und Mitgefühl, dennoch liegt von der Elementebetonung her kein Wasser vor. Generell neigen Menschen mit wenig Wasser im Horoskop dazu, Stimmungen, Gefühlen und seelischen Bedürfnissen wenig Aufmerksamkeit zu schenken. Wer ein stark besetztes zwölftes Haus hat, wird von seelischen Eindrücken regelrecht überschüttet. Mir ist lange Zeit unverständlich gewesen, wie diese widersprüchlichen Faktoren zusammenspielen.

Menschen mit wenig Wasser im Horoskop verarbeiten emotionale Eindrücke nicht so leicht wie andere. Unverarbeitetes staut sich in ihnen an, auf der körperlichen Ebene besteht eine Neigung zu Giftansammlungen. Wer dazu noch ein betontes zwölftes Haus hat, saugt die Emotionen seines Umfeldes regelrecht auf und speichert sie, statt sie fließen zu lassen. Die Überlastung mit fremden Inhalten findet deutlich stärker statt als mit einer Wasserbetonung. Deshalb verwundert es nicht, dass gerade bei dieser Kombination die Haus-zwölf-Eigenschaften oft besonders deutlich ausgeprägt sind.

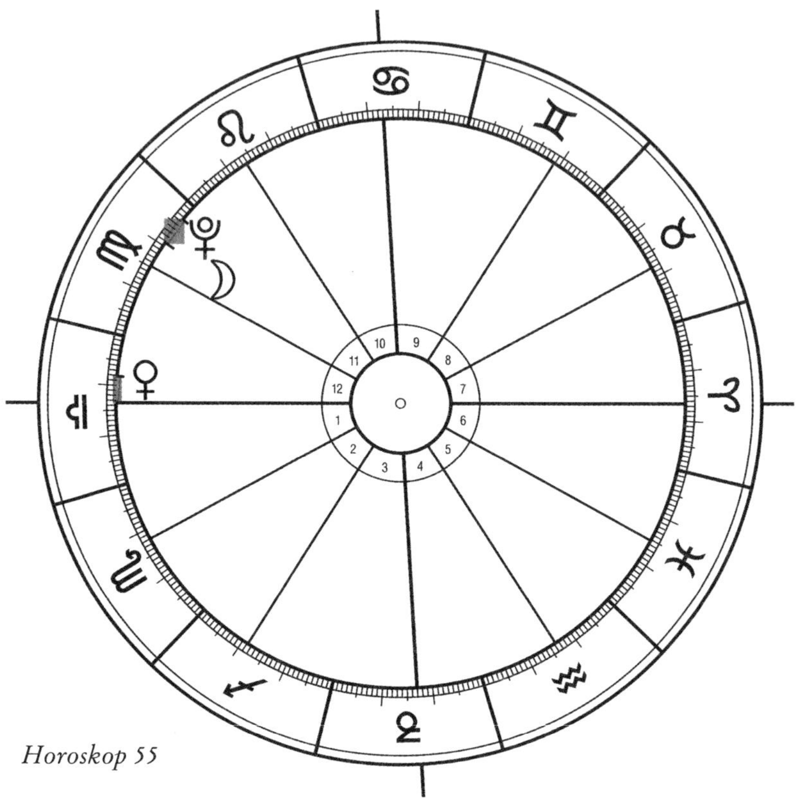

Horoskop 55

In Horoskop 55 steht nur Venus im zwölften Haus und es liegt ein deutlicher Mangel des Elements Wasser vor: Lediglich Jupiter befindet sich im Skorpion. Mit einer solchen Konstellierung würden wir nicht als Erstes von einer ausgeprägten Wasserthematik ausgehen. Die Klientin betont jedoch, dass sie nur auftanken kann, wenn sie ganz mit sich allein ist, und schreibt: »Ich könnte zwei Wochen in einem Zimmer eingesperrt sein ohne Fernseher und würde das als Erholung wahrnehmen.« Sie hält sich gern am Wasser auf, spürt in einer Gruppe sofort, »was los ist« und »kann fremde Stimmungen und Probleme nicht loswerden«. Eine so deutliche Haus-zwölf-Thematik kann mit einer Venus in Haus zwölf allein kaum erklärt werden. Der

Wasser-Mangel sorgt dafür, dass die aufgenommenen Stimmungen nicht in angemessener Zeit verarbeitet werden.

Die Mutter dieser Klienten hatte sich in der Schwangerschaft sehr auf sich allein gestellt gefühlt, der Vater wollte keine Kinder, auch die Familie der Mutter war gegen die Schwangerschaft. Die Mutter soll die Beziehung zu ihrem Umfeld während der Zeit der Schwangerschaft als »Eiseskälte« beschrieben haben. Sie war »mit ihrer Liebe für das Kind allein« (Venus in zwölf) und hatte aufgrund der Schwangerschaft Ärger im Beruf (Venus Quadrat MC). Sie litt außerdem darunter, dass sie ihr erstes Kind kurz vor der erneuten Empfängnis weggeben musste (darauf deutet die Konjunktion von Mond und Pluto hin). Auch hier kann die Reaktivierung eines pränatalen Traumas astrologisch belegt werden: Als Saturn das letzte Mal über die Venus im Horoskop der Klientin lief, ist sie zu ihrem pflegebedürftigen Vater gezogen. Als der kurz darauf starb, durchlief sie eine ungewöhnliche psychische Phase, sie fühlte sich »benebelt und konfus« und machte die Erfahrung »es gibt dort draußen sonst niemanden«.

Horoskop 57 (siehe Seite 133) weist eine deutliche Haus-zwölf-Betonung und einem Wassermangel auf. Die Rückzugtendenzen der Betreffenden sind so stark, dass sie an einen sehr abgelegenen Ort gezogen ist.

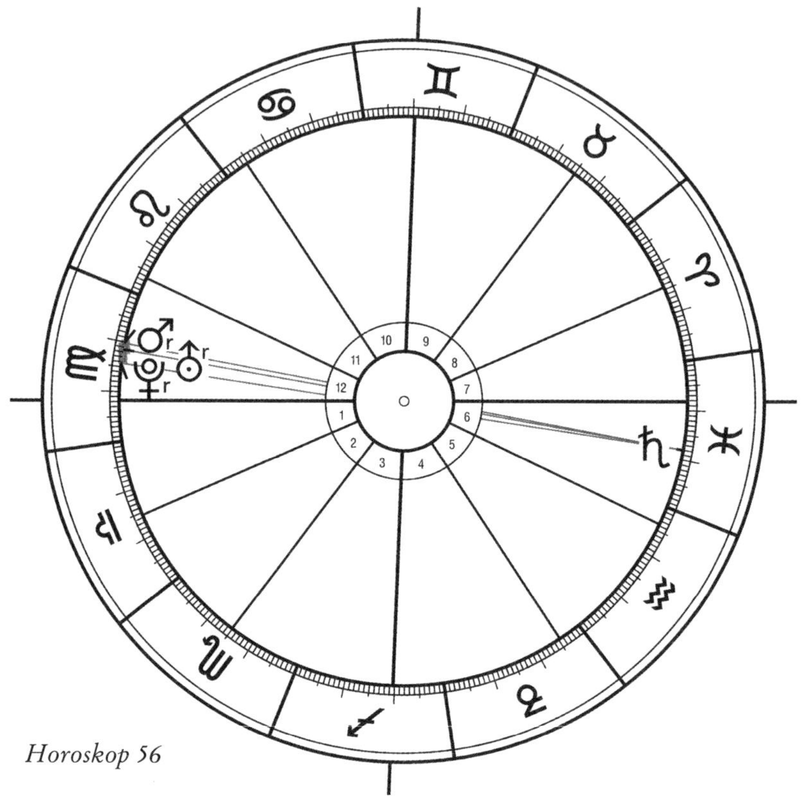

Horoskop 56

In Horoskop 56 liegt ein absoluter Mangel des Wasserelements vor, Saturn in den Fischen zeigt sogar eine Blockierung dieser Energie an. Die Interviewpartnerin verbindet mit dem zwölften Haus den »Klosteraspekt« und sagt, dass es sie immer zu Klöstern hingezogen hätte, weshalb sie nun in der Nähe eines Klosters lebt. Sie bezeichnet sich als hoch sensibel, stark rückzugsbedürftig und nimmt sehr viel von anderen wahr: »Das beginnt, wenn ich ihnen auf fünf Meter nahe komme«. Mars, Uranus und Pluto in Haus zwölf in Verbindung mit Saturn beschreiben die beengenden Verhältnisse, unter denen die Mutter in der Schwangerschaft gelitten hatte. Sie hatte sehr mit den Schwiegereltern zu kämpfen, bis diese dann aus der gemeinsamen Wohnung ausgezogen sind.

Abschließend noch eine Anmerkung zur Elementeauswertung: Ich beachte dort nur den Aszendenten und die Planeten bis Jupiter, wobei Sonne, Mond und dem Aszendenten das größte Gewicht zukommt. Die Planeten ab Saturn haben keinen Bezug zum persönlichen Temperament. Computerprogramme, die eine Elementeauswertung ermitteln, in denen die überpersönlichen Planeten mitbeachtet werden, sind vielleicht von fähigen Programmierern entworfen worden, aber ganz sicher nicht von praktizierenden Astrologen.

Transite

Immer wieder zeigt sich, dass Transite in Bezug auf Haus zwölf pränatale Traumata ansprechen können. Manchmal wiederholen sich dabei alte Erfahrungen auf erstaunlich übereinstimmende Weise in der Gegenwart, manchmal werden unerkannte Zusammenhänge bewusst und es kommt zu einer Befreiung von alten Verwicklungen.

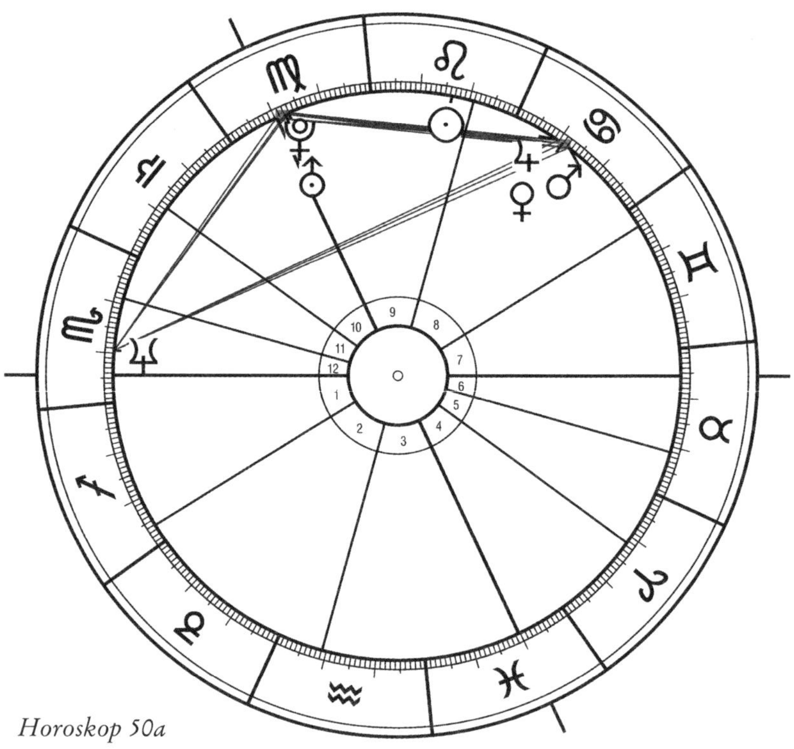

Horoskop 50a

Diese Klientin (Horoskop 50a, siehe Seite 119) nahm an meiner Befragungsaktion teil und erwähnte, dass ich sie mehr als zehn Jahre zuvor nach den Ereignissen in ihrer pränatalen Phase gefragt hatte, über die sie damals kaum etwas wusste. Mich hatte in der lange zurückliegenden Beratung interessiert, ob es in Bezug auf den Vater ein Geheimnis oder eine mögliche Täuschung gegeben haben könne. Die Klientin verneinte dies seinerzeit. Dass es in ihren Beziehungen zu Männern immer wieder zu Täuschungen käme, hatte sie mir zuvor geschildert. Damals bezog ich mich ausschließlich auf Neptun in Haus zwölf im Quadrat zur Sonne. Außerdem steht bei ihr Zeugungsherrscher Pluto in Konjunktion mit Uranus am MC.

Die Klientin ist ohne Vater aufgewachsen. Sie hat später erfahren, dass der Mann, der als ihr Vater angegeben wurde, nicht ihr leiblicher Vater ist. Die Mutter wurde von ihrem Chef schwanger, hat dies geleugnet und einen anderen Arbeitskollegen als Vater angegeben (der sich damit einverstanden erklärt hatte). Als die Klientin erfuhr, wer ihr wahrer Vater ist, war dieser bereits verstorben. Anhand von Abstammungsurkunden entdeckte sie den Namen ihres wirklichen Vaters – Jupiter lief zu dem Zeitpunkt über ihre Sonne, Pluto befand sich in ihrem zwölften Haus, kurz vor dem Übergang über Neptun.

Die Klientin hat später durch weitere Recherchen herausbekommen, dass sie väterlicherseits einen Halbbruder hat. In dem Moment war Saturn kurz davor, das zwölfte Haus zu betreten, Mars stand gradgenau am Zeugungspunkt. Kaum befand sich Saturn im zwölften Haus, erfuhr sie von ihrem Halbbruder mehr über ihre Herkunftsgeschichte: » ...er hat mir dann erzählt, wie das alles damals war. Auch habe ich das dann von seiner und teilweise von meiner Mutter bestätigt bekommen.« In dem Jahr, in dem dies herauskam, bildeten außerdem Uranus und Pluto, die beiden anderen an der pränatalen Geschichte beteiligten Prinzipien, Spannungsaspekte zu ihrem Mond, dem Symbol der Mutter und der Familie.

Nehmen wir noch Venus, Mars und Jupiter in die Betrachtung der vorgeburtlichen Zeit mit hinein (Horoskop 50a), liegt ein kraftvolles harmonisches Dreieck vor, an dem eine außerordentlich lustvolle Aspektfigur beteiligt ist, bestehend aus einem Trigon und zwei Sextilen. Die aufregende (Uranus) Beziehung zum Chef (Pluto am MC), führte zu einer für lange Zeit erfolgreichen Täuschung (Neptun harmonisch integriert).

In Horoskop 16 (vgl. Seite 67) hatten beide Eltern weder die Beziehung noch das Kind gewollt und sahen sich durch die Schwangerschaft gezwungen zu heiraten. Die Betreffende neigt zu Depressionen, hatte eine Reihe von Beziehungen und war zweimal verheiratet. Unter einem Transit Saturns durch ihr zwölftes Haus hatte sie eine längere Beziehung zu einem gebundenen Mann, der sich nicht für sie entscheiden konnte. Als Saturn über Pluto lief, trennte sie sich von ihm. Dieses Muster, sich in die »falschen« Männer zu verlieben und sich immer wieder zu trennen, interpretiere ich als unbewussten Versuch nachzuholen, was den Eltern nicht gelang.

Sonne in Haus zwölf im Quadrat mit Jupiter und Uranus, Merkur in Haus zwölf im Quadrat mit Zeugungsherrscher Saturn. Horoskop 57 gehört zu einer Interviewpartnerin, die keine Klientin von mir ist und hier Frau B. genannt wird. Frau B. arbeitet in einem Heilberuf und wohnt an einem abgelegenen Ort. Sie hat nach eigenen Aussagen sehr starke Rückzugtendenzen und sagt, dass sie Erlebtes durch Träume und Tagträume verarbeitet. Die Schwangerschaft ihrer Mutter mit ihr war angstbesetzt, die Mutter war gerade aus dem elterlichen Heim ausgezogen, der Vater war aus beruflichen Gründen nur selten anwesend.

Beide Eltern waren traumatisch an Ereignisse in ihren Herkunftsfamilien gebunden (Sonne in Haus zwölf, Mond Opposition Neptun), beide hatten später Probleme mit Tabletten und Alkohol. Die Mutter hatte in der Schwangerschaft niemanden zum Reden und spricht auch heute nicht über diese Zeit. Aufgrund mehrerer Andeutungen der Mutter ist sich Frau B. sicher, dass es ein Tabuthema bezüglich der pränatalen Zeit gibt, und sagt »Mutter verheimlicht etwas«. Frau B. berichtet, dass sie immer wieder auf die unausgesprochenen Gedanken anderer antwortet. Sie sagt, dass sie auf Stimmungen, Schwingungen und Gedanken reagiert, den Stimmungen anderer für den größten Teil ihres Lebens ausgeliefert war, bis zu dem Zeitpunkt, als Pluto ihre Sonne überquerte. Sie beschreibt diesen Transit als schwere Krise, die sie von der Ohnmacht befreite, die sie bis dahin begleitet hatte. Sie bezeichnet dies als »in der Ohnmacht loslassen«.

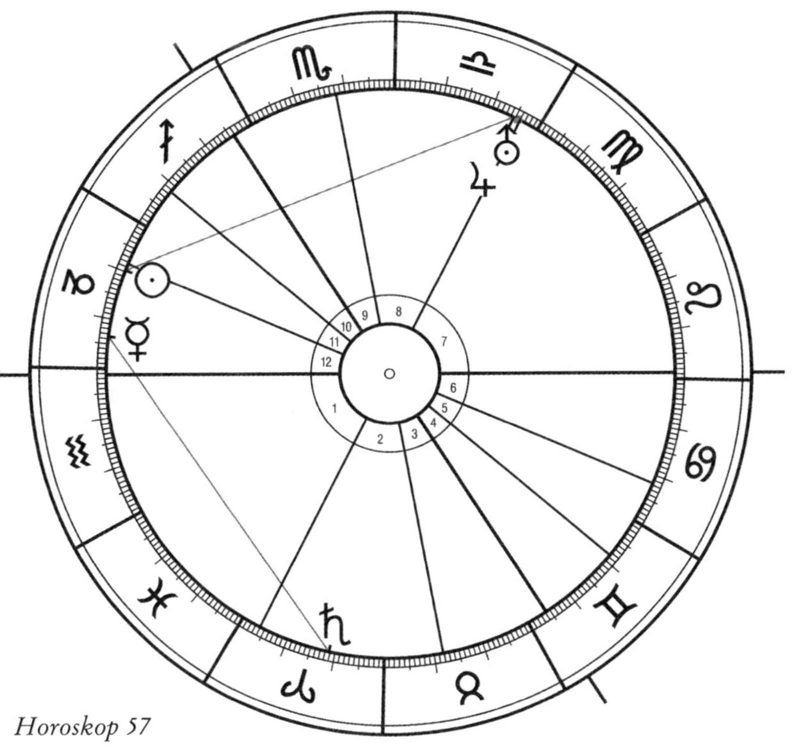

Horoskop 57

Bei Frau B. stehen Sonne und Merkur im Steinbock, dem Zeichen, das am stärksten mit dem Thema Abgrenzung assoziiert wird. Deren Platzierung im zwölften Haus zeigt, dass manchmal selbst ein Steinbock lange Zeit im Leben nicht weiß, was er sein soll.

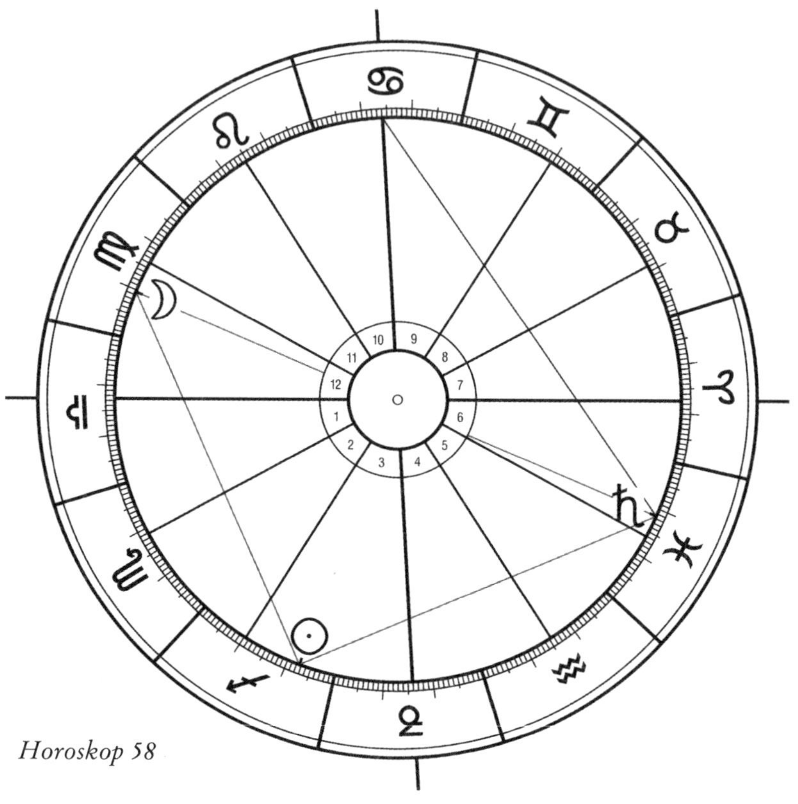

Horoskop 58

Frau B. hat vier Kinder. Während ihrer Schwangerschaft mit dem ersten Sohn überquerte Neptun ihren Merkur. Sie berichtet, dass sie, wie ihre Mutter in der Schwangerschaft mit ihr, niemanden zum Reden hatte. Sie war oft einsam, allein verdienend und lebte mit der Haltung: »Ich werde es schon schaffen«. Die pränatalen Konstellationen ihres ersten Sohnes spiegeln dies deutlich wider (Horoskop 58): Dort steht der Mond in Haus zwölf im Quadrat zur Sonne und in Opposition zu Saturn. Den Sohn bezeichnet die Mutter als »Einzelkämpfertyp«, der »alles allein schaffen muss«. Er habe ein sehr starkes Rückzugbedürfnis und verarbeite Erlebtes über die Bildhauerei.

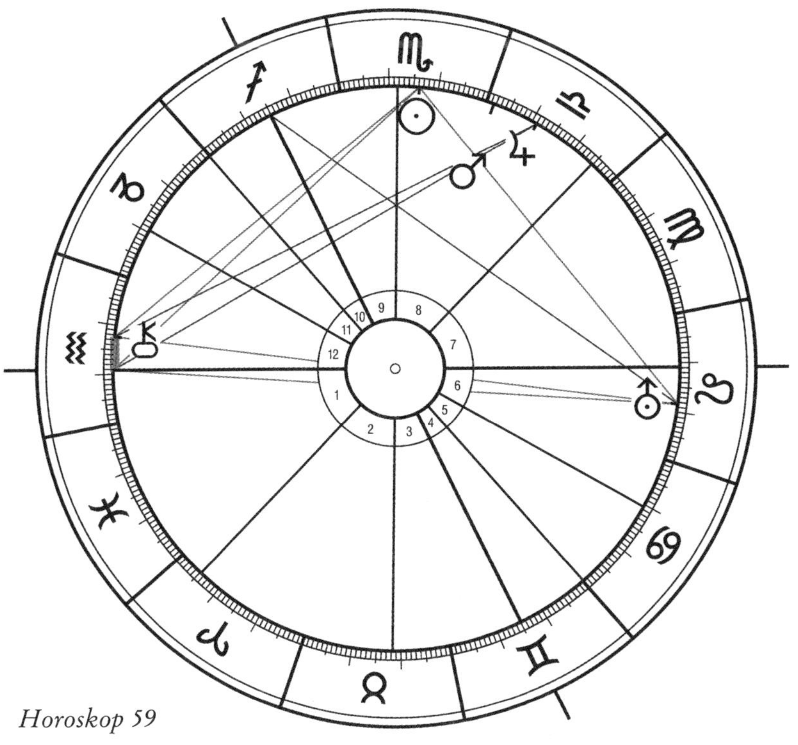

Horoskop 59

Dies ist das einzige der hier aufgeführten Beispiele, in das ich Chiron mit einbezogen habe, der in diesem Fall bei 10 Grad Wassermann steht (Horoskop 59). Die Spitze von Haus zwölf steht im Quadrat zu Jupiter und der in einer weitläufigen Konjunktion zu Mars. Chiron in Haus zwölf bildet die Opposition zu Uranus und beide das Quadrat zur Sonne. Die Mutter von Frau C. war verheiratet als sie aufgrund einer Affäre schwanger wurde (Mars/Jupiter: Fülle in Bezug auf die Männer). Ihr Mann war damals im Ausland (Spitze Haus zwölf Quadrat Jupiter). Ab dem letzten Drittel der Schwangerschaft lief das Scheidungsverfahren, im letzten Drittel des zwölften Hauses steht Chiron, das Prinzip der Wunde und deren Heilung. Die Verbindung zu Uranus verdeutlicht, dass das Ganze chaotisch verlief. Der Aspekt zur Sonne zeigt, dass es Konflikte mit einem Mann gab. Der Ehepartner der Mutter wollte die Scheidung nicht und es musste geklärt werden, von wem das Kind stammt. Die beiden hatten bereits einen Sohn, in dessen Horoskop ebenfalls Chiron in zwölf steht, ebenfalls in Opposition zu Uranus in Haus sechs. Bei ihm bildet diese Achse ein Spannungsdreieck mit Neptun (Horoskop 15, siehe Seite 66). Die Eltern hatten damals geheiratet, obwohl die Mutter den Vater nicht wollte. In den 1950er-Jahren gab es für die meisten werdenden Eltern keine andere Wahl.

Später wurde dieser Sohn von dem neuen Ehemann, dem Vater von Frau C. adoptiert. Die beiden Kinder wussten nicht von dessen leiblichem Vater. Als Frau C. dann erfuhr, dass ihr »Bruder« in Wahrheit ihr Halbbruder ist, war sie tief schockiert über das Familiengeheimnis und durchlief eine schwere Krise. Zu dem Zeitpunkt stand Pluto im Quadrat zu ihrem Chiron und war kurz davor, die Sonne zu überqueren.

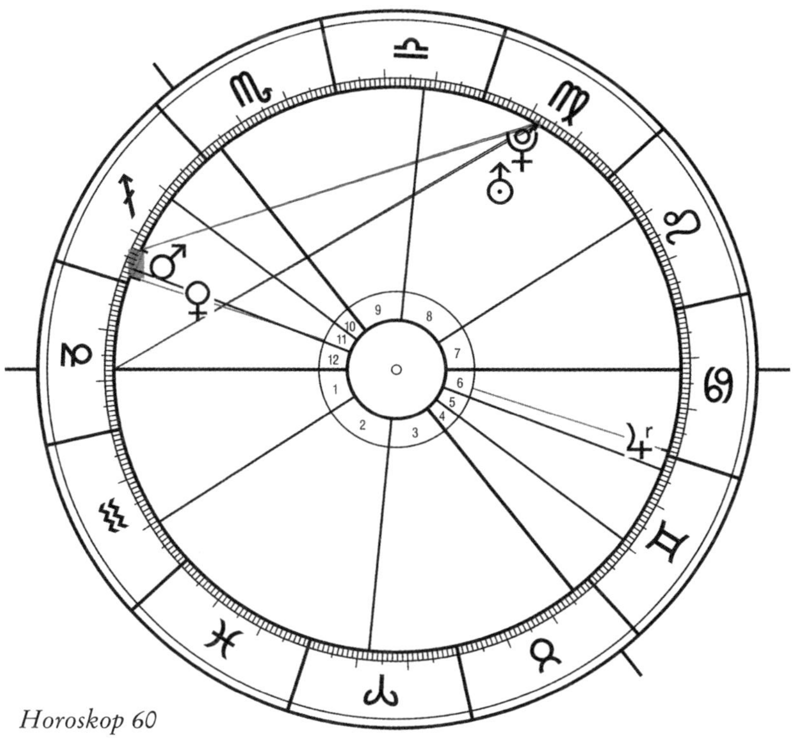

Horoskop 60

Horoskop 60 enthält die Konjunktion von Venus und Mars am Zeugungspunkt in Opposition zum Zeugungsherrscher Jupiter und im Quadrat zu Uranus und Pluto. Die Mutter war bezüglich der Schwangerschaft sehr mit sich im inneren Widerstreit. Frau D. ist selbst bei jeder halbwegs wichtigen Entscheidung stark hin- und hergerissen und hat Schwierigkeiten, einen Entschluss zu fassen. Venus und Mars am Zeugungspunkt weisen auf ein lustvolles und leidenschaftliches Ereignis, da Pluto mit im Spiel ist, kann körperliche oder psychische Gewalt nicht ausgeschlossen werden. Frau D. bezeichnet sich selbst als sehr intuitiv, sie reagiert extrem körperlich auf Menschen und besonders auch auf Parfüms, sodass sie sehr viel Rückzug benötigt. Als Neptun im 18. Lebensjahr über ihre Venus lief, erlebte Frau D. einen schweren sexuellen Übergriff, der sie jahrelang traumatisierte. Da über die weiteren Umstände ihrer Zeugung nichts bekannt ist, kann ein Zusammenhang hier nur vermutet werden.

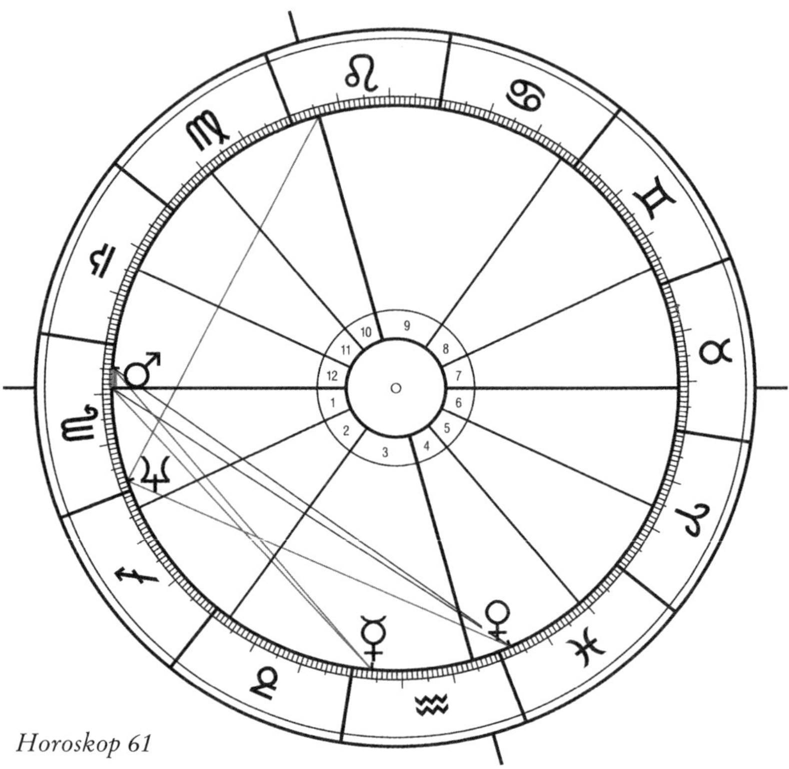

Horoskop 61

Die Schwangerschaft wurde bei Horoskop 61 bis zum dritten Monat nicht erkannt, die werdende Mutter bekam zunächst Medikamente, um eine vermutete Eierstockstörung zu beheben. Sie setzte die Medikamente dann von sich aus ab, weil sie entgegen der ärztlichen Diagnose vermutete schwanger zu sein. Zeugungsherrscherin Venus steht im Quadrat zu Neptun, dem Symbol für Täuschung und Vergiftung. Außerdem befanden sich die Eltern in einer schwierigen materiellen

Situation (ungünstig gestellte Venus). Der Klient berichtet von eigenen starken Rückzugtendenzen, von Angststörungen und der Neigung zu Medikamentenmissbrauch bei sich. Zum Zeitpunkt des Interviews hatte er zweimal den Durchgang Saturns durch das zwölfte Haus erlebt gehabt, einmal mit ca. 14 bis ca. 16 Jahren, das zweite Mal mit ca. 41 bis ca. 43 Jahren. In beiden Fällen kam es zu massivem Tablettenmissbrauch. Die Zeit, als Neptun über seine Venus lief, bezeichnet der Klient als größte Krise in seinem Leben. Er konsumierte Alkohol und Tabletten in hohem Maße, um »sich abzustumpfen«, er unternahm einen Suizidversuch, ging in eine Klinik, um einen Entzug und eine Therapie zu machen. Mitten in dem lang dauernden Übergang Neptuns über seine Venus fand Saturns Austritt aus dem zwölften Haus statt, Beginn einer neuen Lebensphase.

Horoskop 20 wurde im Kapitel *Abtreibungsversuche* schon vorgestellt (siehe Seite 71). Die Mutter war stark zwiegespalten, freute sich zwar (Venus und Jupiter in zwölf), unternahm aber auch einen Selbstmordversuch (Venus und Spitze von zwölf Quadrat Pluto). Die Eltern hatten schon zwei Kinder und lebten mit den Großeltern mütterlicherseits zusammen in äußerst beengten Wohnverhältnissen. Der Klientin selbst ist »alles zu eng, zu viel, zu laut«. Sie sagt von sich selbst, sie hätte eine »Sozialphobie« und »immer ein starkes Bedürfnis nach Rückzug«. Als Pluto in ihr zwölftes Haus trat und über Venus lief, nahm sie stark zu, als Pluto Jupiter überquerte, nahm sie wieder stark ab. Seit Plutos Übergang über den Aszendenten ist ihr Gewichtsverlust so drastisch, dass sie einen Rollator benötigt. Ich deute die Gewichtszunahme als Echo auf die damalige Zeit, die Zunahme der Mutter durch die Schwangerschaft und damit auch auf das Erleben, dass alles zu eng wird. Mitten in der pränatalen Zeit liegt Jupiter, das Prinzip der Fülle, aber auch der Erlösung und Erleichterung. Hier steht Jupiter kaum für ein Wunschkind, sondern vielmehr für die erlösende Entscheidung in der Schwangerschaft, das Kind zur Adoption freizugeben. Eben dies, das Weggehen, das Verschwinden, spiegelt der Körper der Klientin seit Plutos Übergang über Jupiter. Zu ihrer Geburt war die Mutter noch fest entschlossen, ihr Kind wegzugeben. Plutos Übergang über den Aszendenten der Klientin brachte ihren Körper regelrecht dazu, zu verschwinden. Wenige Wochen nach der Geburt entschied sich die

Mutter allerdings um und nahm ihr Kind an. Der genaue Zeitpunkt ist nicht bekannt, und ich gehe davon aus, dass Plutos Übergang über den entsprechenden Punkt im Horoskop der Klientin noch ansteht und wieder eine auffallende körperliche Reaktion mit sich bringen wird. Horoskop 62 zeigt Neptun in Haus zwölf in Opposition zur Sonne,

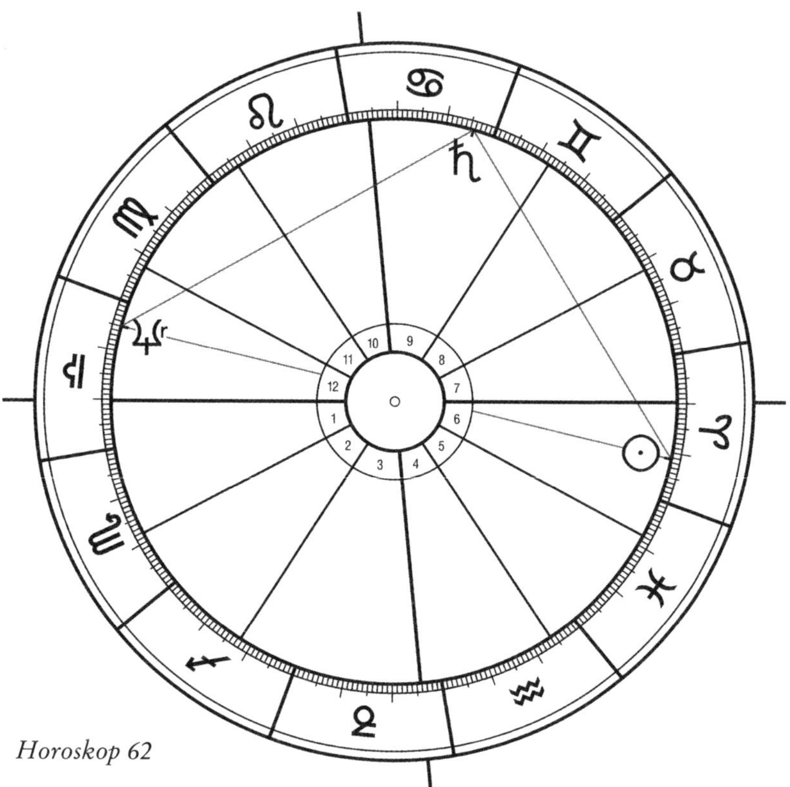

Horoskop 62

beide im Quadrat zu Saturn. Die werdende Mutter wurde von ihrem Vater, einem überzeugten Nationalsozialisten, eingesperrt, der Kindsvater war Ausländer und Künstler und wurde von der Familie verachtet. Die Mutter hatte Schuldgefühle wegen der Schwangerschaft. Die Klientin wollte immer Kinder haben, hat sich aber zu vier Abtreibungen drängen lassen und ist kinderlos geblieben. Die erste Abtreibung fand statt, als Pluto ihren Neptun überquerte, die dritte, als er über den Aszendenten lief. Die Daten der anderen beiden sind nicht mehr genau bekannt.

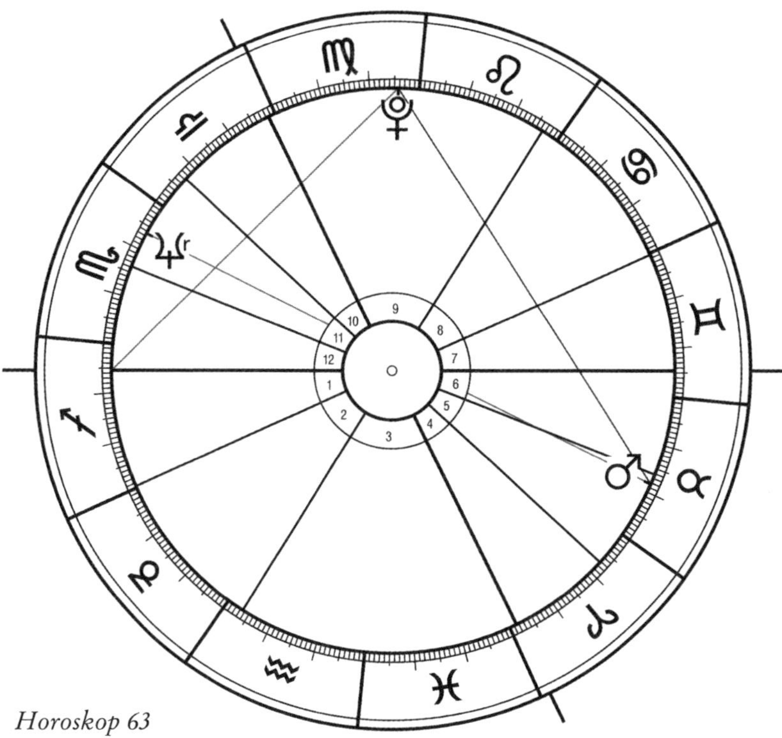

Horoskop 63

In Horoskop 63 steht Mars dem Zeugungspunkt gegenüber und bildet die Opposition zu Neptun in elf. Die Mutter wollte einen Jungen (Mars/Neptun) und wirft der erwachsenen Tochter heute noch ihr Aussehen vor (Pluto/Aszendent). Die Klientin geht davon aus, in einem Akt sexueller Gewalt gezeugt worden zu sein, sie reagiert extrem auf Substanzen, Medikamente, Alkohol und sagt, dass sie lebensbedrohliche Situationen anzieht. Als Neptun bei ihr mit drei Jahren genau auf der Spitze von Haus zwölf stand, wurde sie von einer tollwütigen Katze gebissen. Mit vier Jahren war sie Opfer eines sexuellen Missbrauchs, der Täter versuchte sie umzubringen. Zu dem Zeitpunkt lief Uranus über Zeugungsherrscher Pluto und Pluto bildete das Quadrat zu ihrem Mond.

Horoskop 21 (siehe Seite 72) wurde schon unter den *Abtreibungsversuchen* aufgeführt: Zeugungsherrscherin Venus mit Mars und Uranus am höchsten Punkt im Quadrat zu Neptun. Dies deutet auf eine intensive Sexualität ohne die Absicht einer Bindung. Vater und Mutter waren 16 (in den 1950er-Jahren): Aus der spielerischen sexuellen Begegnung entstand ein Kind. Das Jugendamt erlaubte keine Heirat und die werdende Mutter trennte sich noch in der Schwangerschaft von dem Freund. Die Mutter unternahm einige unbeholfene Abtreibungsversuche (Sprünge vom Tisch) und hat ihrer Tochter später immer wieder davon erzählt. Die Sonne liegt in diesem Horoskop unaspektiert im achten Haus: Die Klientin hat ihren Vater nie kennengelernt. Die Klientin, die von sich sagt, dass sie sich schnell unrealistisch verliebt, kontaktierte mich wegen extremer Schlafstörungen und litt außerdem extrem unter Trennungsschmerz und Sehnsucht. Ich vermute, dass Mond-Merkur-Saturn den Zeitpunkt in der pränatalen Phase betrifft, an dem sich die Mutter vom Partner getrennt hat, also relativ früh in der Schwangerschaft. Zum Zeitpunkt der Beratung bildete Pluto das Quadrat zum Mond; diese zweijährige Phase lief gerade aus. Als dieser Transit begann, starb der Mann der Klientin, beim zweiten Übergang hat sie sich leidenschaftlich verliebt. Im Nachhinein sagte sie, dies wäre »total unrealistisch« gewesen und »Ich war noch mal 17«. Da ihr Freund sie schwer getäuscht hatte, beendete sie die Beziehung, litt aber zutiefst unter der Trennung und bezeichnete ihren Zustand als »völliges Gefühlschaos«. Obwohl der Bezug zur Situation ihrer Mutter während der Schwangerschaft mit ihr so auffällig ist, hat die Klientin ihn erst in der Beratung erkennen können. Auch früher schon reagierte der im pränatalen Bereich stehende Mond auffallend auf einen Transit: Als Saturn diesen überquerte, schlug ihr Mann sie so sehr, dass sie eine Gehirnerschütterung erlitt – eine mögliche Resonanz auf die Abtreibungsversuche ihrer Mutter.

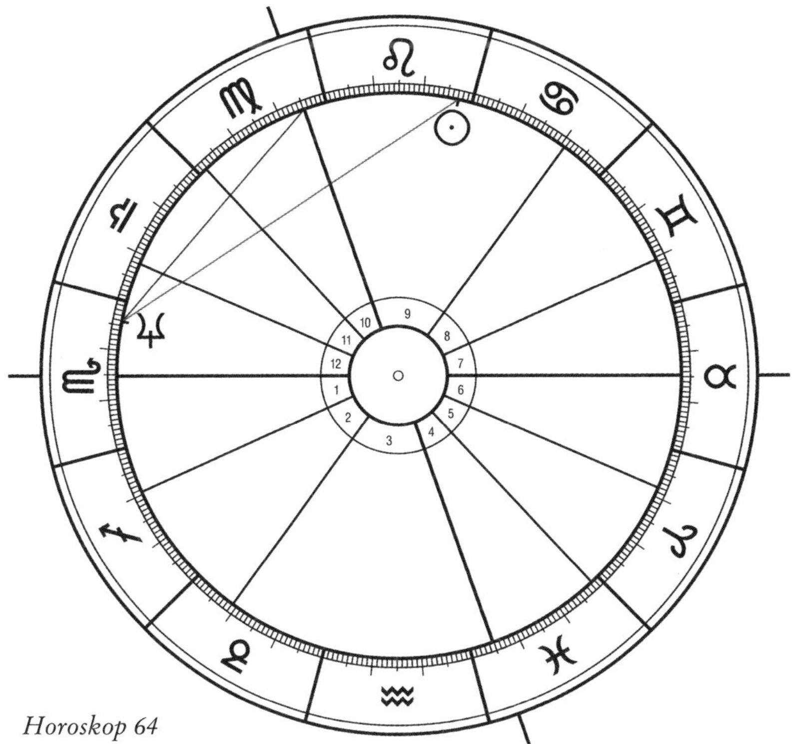

Horoskop 64

Horoskop 64 gehört zu einer Frau, die sich mit 54 Jahren das Leben nahm. Hier sind die Elemente Feuer und Wasser sehr stark betont, die Betreffende war eine energiegeladene Person mit deutlicher Neigung zu Depressionen. Ihre Mutter war in der Schwangerschaft von ihrem Mann getrennt gewesen. Zum Zeitpunkt des Suizides durchlebte die Frau die Opposition Neptuns zu Mars, Tagesauslöser war das Quadrat von Mars zu ihrem Neptun. Für mich besteht kein Zweifel daran, dass die Depressionsneigung durch die Einsamkeit und Hilflosigkeit ihrer Mutter während der Schwangerschaft geprägt wurde. Die doppelte Betonung von Mars/Neptun kann interpretiert werden als entschiedene Handlung (Mars) gegen die Depression (Neptun).

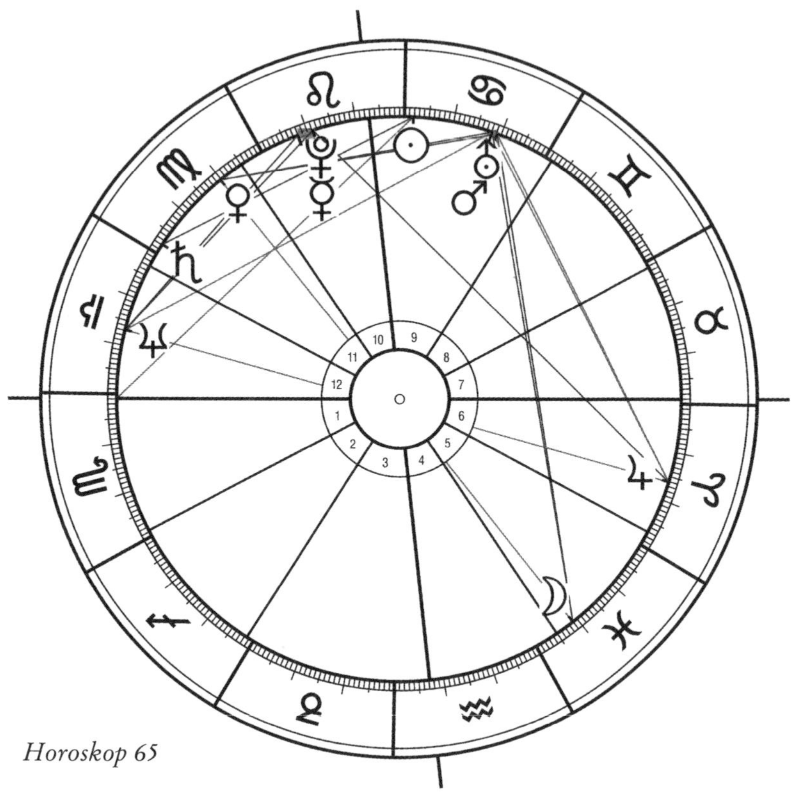

Horoskop 65

Im Horoskop des Schauspielers Robin Williams steht Neptun im zwölften Haus in einem Spannungsdreieck mit Mars, Jupiter und Uranus (Horoskop 65). Als Williams sich am 11. August 2014 das Leben nahm, stand Uranus seinem Haus-zwölf-Neptun gegenüber und bildete Aspekte auf alle Punkte des Dreiecks, außerdem bildete Pluto die Opposition zur Mars-Uranus-Konjunktion und das Quadrat zu Jupiter. Tagesauslöser waren Merkur und Sonne auf Pluto. Sowohl die starke Neigung des Künstlers zu Depressionen und Angstzuständen als auch der Zeitpunkt seines Suizides sprechen dafür, dass seine Mutter in der Schwangerschaft eine Phase von Hilflosigkeit und Depressionen durchlaufen haben muss (Neptun). Sehen wir eine solche Grundkonstellation, sollte uns klar sein, dass eine Therapie gegen Alkoholsucht, wie sie Williams hinter sich hatte, nichts gegen die Ursachen seines Leidens ausrichten konnte. Allein die Klärung und Auflösung des pränatalen Traumas hätte dies vermocht.

Die Beratungssituation

Falls Sie selbst beraten: Überraschen Sie einmal einen neuen Klienten mit einem betonten zwölften Haus gleich zu Beginn des Gesprächs mit der Aussage: »Sie müssen lernen, sich mehr abzugrenzen!« In 99 von 100 Fällen werden Sie auf Zustimmung stoßen und bei Ihrem Gegenüber den Eindruck erwecken, an einen professionellen Astrologen geraten zu sein. Nun ist nicht jeder versierte Astrologe auch ein fähiger Berater, und der eben vorgestellte Tipp gehört zum kontraproduktivsten, das man einem Haus-zwölf-Betonten mit auf den Weg geben kann. Richtig ist, dass Haus-zwölf-Geprägte Probleme mit der Abgrenzung haben; falsch ist, dass die Lösung darin liegt, jetzt endlich zu lernen, wie das funktioniert. Die meisten der Betreffenden versuchen das bereits ihr Leben lang und verzweifeln daran, dass ihnen das nicht gelingt. Das heißt: Erstens gibt es ein generelles Problem mit der Abgrenzung – jemand leidet darunter, ständig von dem Leid anderer überschüttet zu werden. Zweitens gibt es ein Problem damit, dass es noch nicht gelungen ist, die Abgrenzung dagegen zu lernen. Das sind zwei sehr verschiedene Erfahrungen, und die Idee, Kontrolle über das Unkontrollierbare zu erlangen, führt nur zu noch mehr Verwirrung. Wie wollen wir mit saturnischer Kontrolle die Grenzenlosigkeit Neptuns meistern?

Unter den Fallbeispielen führte ich eine Interviewpartnerin auf, deren Steinbock-Sonne in Haus zwölf steht (Horoskop 57, siehe Seite 133). Diese hatte nach eigenem Bekunden bis kurz vor ihrem 50. Lebensjahr nicht die geringste Ahnung, was Abgrenzung überhaupt sein soll. Wenn jemand mit einer Steinbock-Sonne das nicht weiß, wie wollen wir jemand mit der Sonne in Krebs, Zwillinge oder Jungfrau das empfehlen? Eine über 50-jährige Frau reagierte in der Beratung überrascht und erleichtert, als sie erfuhr, dass sie so sein darf, wie sie ist: rezeptiv, ständig von den Stimmungen anderer überschwemmt, stark rückzugbedürftig. Vor allem Letzteres konnte sich die als Sozialarbeiterin Tätige nie richtig erlauben, sie litt häufig unter Schuldgefühlen, da sie ihre höchste Aufgabe darin sah, sich um andere zu kümmern. Zu hören »Sie brauchen regelmäßigen Rückzug, um wieder zu sich selbst zu finden« war für diejenige eine Offenbarung. An dieser Stelle ihrer Entwicklung mit dem Thema Abgrenzung zu kommen, hätte nur die Idee von Schuld und Unzulänglichkeit genährt. Und in ihrer Sprache hätte dies geheißen: »Grenzen Sie sich ab und machen Sie weiter wie bisher.« Eine solche Information ist Gift für die Betroffenen.

Manche Menschen mit einer Haus-zwölf-Betonung berichten davon, dass sie im Laufe der Jahre gelernt haben, sich besser abzugrenzen, manchen scheint dies selbst im Alter nicht zu gelingen. Das Problem ist letztendlich nicht die feine Wahrnehmung für Stimmungen, Schwingungen und das Leiden anderer, sondern die Identifikation damit. Ich rate Betroffenen zwar dazu, sich das Abgrenzen zu erlauben, in erster Linie betone ich aber die Notwendigkeit, das »Durchfließen-Lassen« der Empfindungen zu kultivieren. Die Identifikation mit den Bedürfnissen und Stimmungen anderer ist im Grunde genommen der unbewusste Versuch, anderen etwas abzunehmen. Jemand mit einer Haus-zwölf-Prägung kann lernen, dass belastende Stimmungen immer in der Luft liegen, nichts Persönliches sind, dass er/sie eher ein Kanal ist als der Endempfänger einer Botschaft und dass es legitim ist, andere mit ihren Stimmungen und Bedürfnissen alleinzulassen.

Wie bereits erwähnt, wird der Berater, der über das Gewicht pränataler Prägungen im Zusammenhang mit dem zwölften Haus weiß, eine ganz andere Beziehung zu einem Klienten eingehen, als einer, der sich mit einem persönlichen Widerstand gegen verdrängte Inhalte konfrontiert sieht, mit einer Unreife, die jede Selbsterkenntnis vermeiden möchte. Nur wenn der Berater um diese Thematik weiß, besteht überhaupt die Chance, einen Klärungsprozess anzuregen oder zu unterstützen.

Viele Themen sind in der Beratung mit Fingerspitzengefühl zu behandeln, die des zwölften Hauses gehören unbedingt dazu. Weder geht es darum, einen Klienten in einer verletzten Sicht der Dinge zu bestätigen noch darum, jemandem ein vorgeburtliches Trauma nahezulegen, der noch gar nicht zu der betreffenden Auseinandersetzung bereit ist. Ob und wie deutlich auf ein mögliches pränatales Thema in der Beratung hingewiesen wird, kann nur im Einzelfall entschieden werden und hängt vor allem davon ab, wo ein Klient in seiner Entwicklung steht. Manchmal kann eine Mutmaßung hilfreich sein, natürlich nicht konkretisiert wie »Möglicherweise hat Ihre Mutter versucht, Sie abzutreiben«, sondern eher wie »Ein Abschnitt der Schwangerschaft sieht nach einer schweren, belastenden Phase für Ihre Mutter aus, die sich emotional auf Sie übertragen haben könnte.«

Für diejenigen, die sich des betreffenden vorgeburtlichen Einflusses auf das spätere Leben bereits bewusst sind, kann es außerordentlich erhellend sein, die im Horoskop sichtbaren Zusammenhänge erläutert zu bekommen. Auch wer seit Jahren die verschiedenen Formen der Therapie ausprobiert hat und den Ursachen für seine Ängste immer noch nicht auf die Spur gekommen ist, kann regelrecht erlöst werden, wenn er erfährt, dass die Triebkräfte für Schwierigkeiten im eigenen Leben außerhalb jeglicher Kontrolle und jenseits des Erinnerns liegen. Ich habe oft erlebt, dass Haus-zwölf-Betonte die ausgebliebenen Erfolge einer Therapie als persönliches Versagen interpretierten.

Wer sich noch nicht auf die Suche nach den Ursachen für Depressionen, Ängste und Verwicklungen im eigenen Leben gemacht hat, wird mit dem Hinweis auf vorgeburtliche Zusammenhänge meist überfordert sein. Ich erinnere mich an eine Klientin mit einer verletzten Sonne in Haus zwölf, die einfach nur herausfinden wollte, wie es gelingen könne, einen passenden Partner zu finden – einen, der sich nicht wie alle vorhergehenden als unzuverlässig oder unehrlich erweisen würde. Meine Kurzfassung der Vater-Thematik fand zwar ihre Zustimmung, konnte ihr aber nicht weiterhelfen. Ich empfahl ihr eine Vereinbarung mit sich selbst im Zusammenhang mit einer Checkliste der eigenen Erwartungen, an die sie sich halten würde, sobald der nächste potenzielle Partner in Sicht käme. Ein pragmatisches Hilfsmittel für den Umgang mit dem magischen Drang, das eigene Herz vorrangig für bedürftige oder abhängige Männer zu öffnen.

Dieser Drang selbst wird dadurch nicht geheilt. Die unerlösten Themen Neptuns, Plutos, des achten und des zwölften Hauses werden oft wie eine Art Sog empfunden, der die Betreffenden in Entwicklungen zieht, die sie längst als unheilvoll erkannt haben und deren destruktive Komponente von Anfang an wahrgenommen wird. Indem die Macht dieses Soges anerkannt wird, lässt sich bis zu einem gewissen Grad bewusst damit umgehen.

Therapie – Heilung

Die Analyse eines Horoskops kann selbstverständlich keine Therapie ersetzen, in vielen Fällen gibt das Beratungsgespräch allerdings wichtige Impulse für die Erforschung der prägenden Vergangenheit. Manchmal beginnt hier erst durch eine Art Aha-Erlebnis die Suche nach den unbewussten Ursachen.

Aus meinen Erfahrungen mit dem Rebirthing weiß ich, dass alles Erlebte erinnert werden kann, dennoch ging ich lange Zeit davon aus, dass es nur sehr schwer möglich wäre, Haus-zwölf-Prägungen therapeutisch zu bearbeiten, und die vielen Fallgeschichten, in denen Klienten selbst im hohen Alter noch unter pränatalen Verletzungen litten, schienen mir recht zu geben. Im Laufe der Jahre habe ich dann in Beratungsgesprächen von immer mehr therapeutischen Möglichkeiten erfahren, die den Betreffenden nach eigenen Aussagen weitergeholfen haben, manchmal bis hin zu dem Punkt, dass Klienten von Heilung sprachen.

So schreiben auch die Autoren zweier eingangs bereits zitierter Artikel: *»Eine Reihe von Therapieformen, die sich um die Aufarbeitung dieser frühesten Lebensphase bemühen – Primärtherapie, Körpertherapie, Rebirthing zum Beispiel, aber durchaus auch die Psychoanalyse – haben zudem eine Vielzahl von Fällen dokumentiert, in denen geburtliche und vorgeburtliche Traumata bearbeitet wurden. Auch in Hypnose und LSD-Selbsterfahrung gibt es entsprechende Ergebnisse.«*[39]

---

[39] http://weltall-erde-ich.de/paradiesische-neun-monate-fruehe-praegungen-zur-gewaltbereitschaft-aus-sicht-der-vorgeburtlichen-psychologie/

Auch immer mehr Erwachsene versuchen heute, ihre Schwangerschafts- und Geburtsgeschichte aufzuarbeiten. *»Immer dann, wenn wir mit unerklärlich heftigen Gefühlen reagieren oder in den gleichen negativen Verhaltensmustern stecken bleiben … können vorgeburtliche oder schwierige Geburtserlebnisse im Spiel sein.« Situationen also, in denen unsere Psyche noch ungeschützt war. Derart frühe Verletzungen sind mit Worten kaum erreichbar, deshalb arbeiten die Therapeuten vor allem auf der Körperebene. Andere nützen auch die sogenannte Affektbrücke. Mit dieser neuropsychologischen Methode lassen sich die mit dem traumatisierenden Ereignis verbundenen Gefühle und Körperempfindungen aktualisieren und therapeutisch besser bearbeiten.*[40]

Es sei an dieser Stelle keine Therapietechnik als besonders geeignet empfohlen, einige der aufgeführten Methoden habe ich selbst nie kennengelernt. Nach meiner Erfahrung gibt es keine Technik, die jedem Menschen weiterhelfen kann; in den meisten Fällen spielt mehr die Beziehung zwischen Klient und Therapeut eine Rolle als die Technik selbst.

Wenn es um elterliche Verwicklungen geht, empfehle ich häufig, die systemische Aufstellungsarbeit auszuprobieren, ich erwähne jedoch auch, dass ich Klienten kenne, die nach der zehnten Aufstellung keinen Schritt weiter in der Klärung ihrer Haus-zwölf-Themen gekommen sind. Auch die Gestaltarbeit nach Fritz Perls kann darin unterstützen, die innere Beziehung zu den Eltern aufzuarbeiten, selbst wenn diese nicht mehr am Leben sein sollten.

Zwei Klientinnen berichteten davon, dass ihnen die metamorphische Methode nach Robert St. John dabei geholfen habe, pränatale Traumata aufzulösen. Diese Technik wird auch als pränatale Massage bezeichnet. Astrologisch interessant ist, dass hier an den Füßen gearbeitet wird, der körperlichen Entsprechung der Fische und des zwölften Hauses.

---

[40] http://www.tagesanzeiger.ch/wissen/medizin-und-psychologie/Das-Trauma-im-Mutterleib/story/11335433

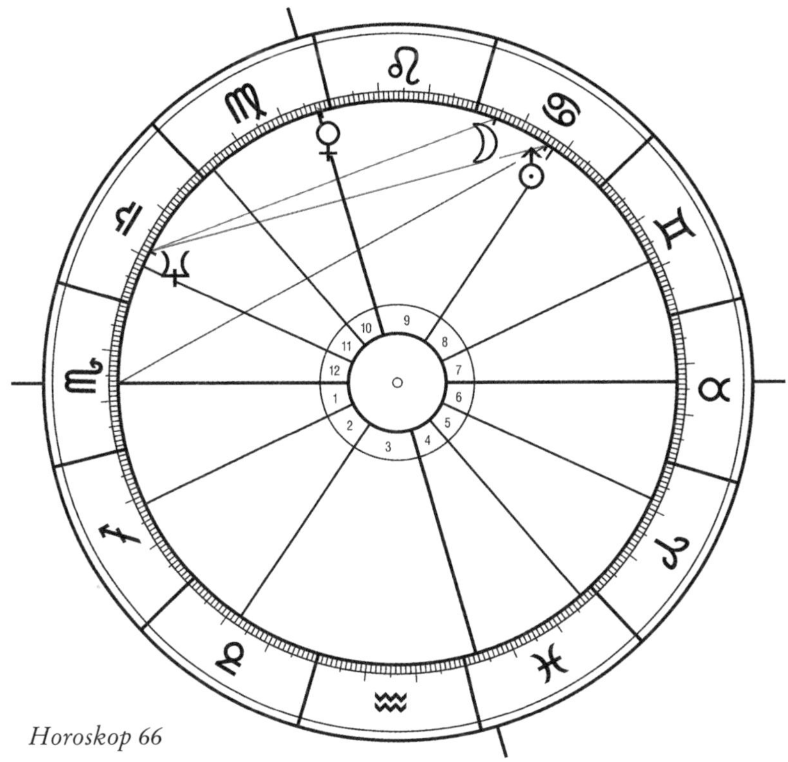

Horoskop 66

Im Horoskop einer der beiden Frauen (Horoskop 66) befindet sich Neptun an der Spitze des zwölften Hauses im Quadrat zu Mond und Uranus, was auf das Thema Täuschung und Verunsicherung zu Beginn der Schwangerschaft weist. Die Betreffende bezeichnet sich selbst als »Versöhnungskind«. Die Eltern standen kurz vor der Trennung, als die Mutter schwanger wurde, die Trennung wurde dann einige Jahre später vollzogen. Als Heimatvertriebene (Mond/Neptun) befand sich die Mutter ohnehin in einer unsicheren Situation und war noch nicht in der Lage, sich in der neuen Umgebung und in der neuen Familie zu behaupten; ihr Mann, der sich von ihr trennen wollte, war kaum anwesend und hatte weitere Partnerinnen.

In der Beratung berichtete die Betreffende davon, dass ihr eigenes Leben lange Zeit außerordentlich unruhig bis chaotisch verlaufen sei, dass sie immer wieder umgezogen sei, Neues ausprobierte, zwanghaft Vorhaben abbrach, bevor sie diese richtig verwirklicht hatte, und dass sie erst durch Meditation gelernt habe, diesen destruktiven Drang in den Griff zu bekommen und sich im Leben »zu Hause« zu fühlen. Außerdem hatte sie sich immer ein Kind gewünscht und konnte lange Zeit nicht schwanger werden. Nach eigener Aussage ist es ihr erst durch die metamorphische Methode gelungen, dieses Muster aufzulösen. Zum Zeitpunkt der Beratung war die Betreffende längst selbst Mutter. Obwohl es sich bei ihrer Tochter um ein Wunschkind handelte, überkam sie zu Beginn der Schwangerschaft der starke Drang nach einer Abtreibung. Von einem Abtreibungsimpuls ihrer Mutter während der Schwangerschaft mit ihr ist ihr nichts bekannt.

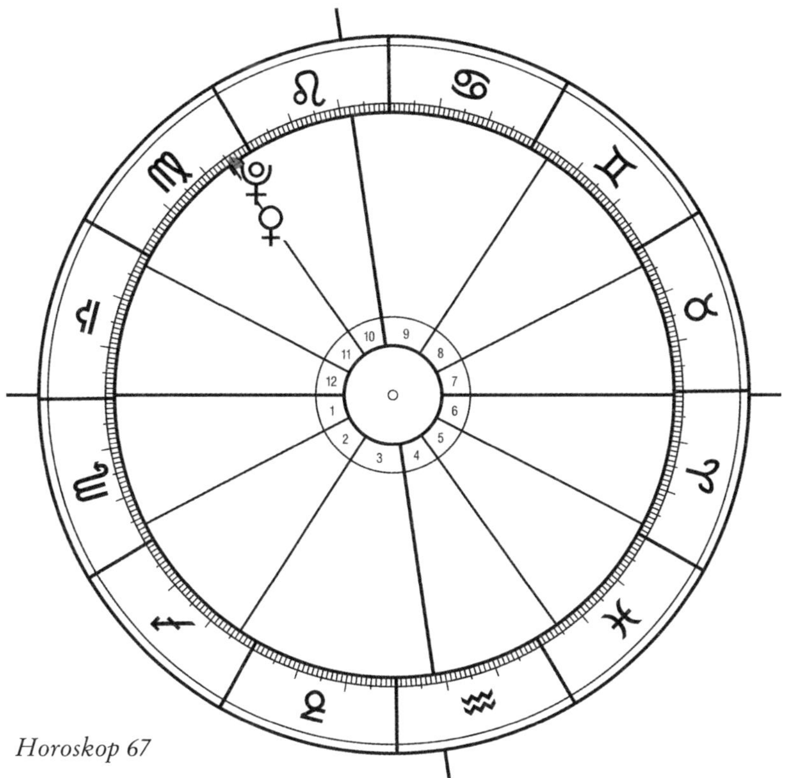

Horoskop 67

Eine andere Interviewpartnerin hat gute Erfahrungen mit einer Traumaarbeit aus dem Bereich der Bioenergetik gemacht, die sich TRE (*Trauma Releasing Exercises*) nennt, entwickelt von Dr. David Berceli. Bei ihr ist das zwölfte Haus unbesetzt, Zeugungsherrscherin Venus steht in Konjunktion mit Pluto im elften Haus (Horoskop 67). Während der Schwangerschaft hatte der Vater zwei Unfälle, woraufhin die Mutter beide Male in Ohnmacht fiel. Die Schwangerschaft soll die Mutter generell viel Kraft gekostet haben (Spitze zwölf Quadrat Saturn). Als Saturn einmal über die Venus-Pluto-Konjunktion der Interviewpartnerin lief, erlebte die Betreffende selbst einen dramatischen Zusammenbruch, als Saturn zwei Jahre später das zwölfte Haus durchquerte, war dies für sie eine Phase »völliger Hilflosigkeit«.

In der Vergangenheit hatte die Interviewpartnerin einmal intuitiv das Gefühl, dass der Sex ihrer Eltern, der zur Empfängnis führte, außerordentlich heftig gewesen sein musste (Venus-Pluto). Ihren Vater beschreibt sie als sehr sexuell ausgerichtet, er soll ein besonders starkes Bedürfnis nach Sexualität gehabt haben. Sie selbst hatte lange Zeit einen starken Bezug zu den sexuellen Bedürfnissen von Männern und »gab ihnen das, was sie brauchten«. Sie wurde in der Kindheit nicht geschlagen, hatte keine sexuellen Übergriffe erlebt und keine Gewalterfahrungen mit Männern, dennoch hatte sie Angst, Männer könnten mit Gewalt reagieren, wenn sie den Sex mit ihnen verweigerte. Eine Zeit lang hielt sie sich mit erotischen Massagen finanziell über Wasser: »Um zu überleben musste ich sexuell zur Verfügung stehen.« Nach ihrer Therapie musste sie »immer wieder erstaunt feststellen, dass Männer ein Nein akzeptieren«.

Eine Klientin berichtete mir von der Traumatherapie EMDR, die die unbewussten Augenbewegungen nutzt, um die Ursachen für Traumata aufzudecken und bewusst zu machen. Andere Klienten berichteten mir über ihre positiven Erfahrungen mit »Somatic Experiencing«, einer Technik, die ohne den Weg des Erinnerns die Nachwirkungen von Traumata auflösen soll.

Eine Interviewpartnerin (Horoskop 22, siehe Seite 73) hat in einer Hypnosetherapie herausgefunden, dass die Ursachen für ihr extrem unruhiges Leben, für ihre Depressionen und selbstzerstörerischen Tendenzen in der pränatalen Zeit liegen. Ihre Mutter war über die Schwangerschaft überrascht, ihr erstes Kind war zum Zeitpunkt dieser Empfängnis 13 Monate alt. Die Mutter hat viel gefeiert, geraucht, getrunken und litt darunter, dass ihr eigener Vater nicht aus dem Krieg zurückgekehrt war. Die Interviewpartnerin geht von einem bewussten oder unbewussten Abtreibungsversuch aus und sagt, dass ein Großteil ihrer eigenen Schwierigkeiten im Leben durch die Hypnosetherapie behoben wurde.

Letztendlich ist das Leben selbst der Weg der Heilung. Verdrängtes, Unbewusstes, Verletztes drängt zur Heilung. Selbst die Konfrontation mit weiteren Traumata kann als Versuch der Seele interpretiert werden, Unbewusstes bewusst zu machen. Was in der vorgeburtlichen Zeit jenseits von Sprache und Ich-Identität stattfand, kann im Leben zu dramatischen Entwicklungen führen. Erst mit diesen lässt sich bewusst umgehen.

Horoskop 12 (siehe Seite 63) wurde schon vorgestellt – eine Empfängnis im Januar 1945. Das erste Drittel der Schwangerschaft fand während der intensiven Bombenangriffen der Alliierten statt. Außerdem haben die Eltern nicht zusammengelebt, ständig miteinander gestritten und sich früh getrennt. Dem Interviewpartner war der Zusammenhang zwischen der dramatischen pränatalen Zeit und den harten Entwicklungen in seinem Leben bewusst: »Meine Mutter musste seelisch in der Schwangerschaft eine schwere Zeit durchleben«. Er sagt von sich, dass er selbst viele schwere Zeiten durchgemacht und sie alle bewältigt habe und dass er sehr spät im Leben »zu seiner Kraft« gelangt sei. In seiner Jugend hatte er den Beruf des Metzgers erlernt und war für viele Jahre in einer der ersten Großschlachtereien Deutschlands für das Töten der Tiere zuständig. Was er über die Grausamkeit dieser Arbeit berichtet, stellt alles in den Schatten, was ich bisher darüber gehört und gelesen habe. In seiner Zeit dort hatte er ständig Alpträume von extremer Gewalt (Mars, Saturn und Pluto in zwölf) und es wurde ihm erst spät bewusst, dass er heftige Aggressionen in sich trägt, die er dort in seiner Tätigkeit ausgelebt hat. Heute setzt er sich für die Lebensbedingungen von Schlachttieren ein und für die Verwendung von Narkosemitteln bei deren Tötung.

Er sagt von sich, dass er künstlerisches Talent besäße, das er leider nie ausüben konnte, und dass er die Gedanken und Erfahrungen anderer Menschen regelrecht lesen könne, sie würden sich »in ihm abspulen«. Erst über seine Alpträume hätte er zu sich selbst gefunden und seinen »Weg durch die Hölle« gemeistert.

Der Fluss der Erfahrungen

Mit dem Wissen um die Bedeutung der pränatalen Phase wird offenbar, dass Elternschaft bereits mit der Zeugung beginnt und nicht erst mit der Geburt. Ein Anliegen der pränatalen Psychologie ist es daher dazu anzuregen, die Zeit der Schwangerschaft bewusst positiv zu gestalten, um Traumatisierungen zu vermeiden. Wie der werdende Mensch seine Umwelt erlebt, lässt sich sicherlich bis zu einem gewissen Grad beeinflussen, die Eltern können für eine harmonische Umgebung und einen ausgeglichenen Lebensstil sorgen. Doch wie wir gesehen haben, sind es vor allem Faktoren und Themen, die außerhalb unserer Kontrolle liegen, die zu den dramatischsten Prägungen führen. Unsere eigenen ungelösten Muster und Verwicklungen geben wir unbewusst weiter; auch auf familiäre und gesellschaftliche Krisen, die das werdende Leben prägen, haben wir keinen Einfluss.

Mit dem Fokus auf all die Probleme, die mit einer Haus-zwölf-Thematik verbunden sein können, hört es sich vielleicht so an, als ob idealerweise kein Planet in diesem Bereich stehen sollte. Wie bereits erwähnt, befindet sich tatsächlich in der Mehrzahl aller Horoskope mindestens ein Himmelskörper in zwölf. Wenn wir noch die Aspekte auf die Spitze und die auf den Zeugungsherrscher hinzunehmen, wird es schwierig, ein Geburtshoroskop zu finden, das die vorausgehende Schwangerschaft als durchgehenden Aufenthalt im Garten Eden beschreibt. Ein Leben ganz ohne Krise oder Leiden gibt es nicht, warum sollte dies in der pränatalen Zeit anders sein? Was es aber gibt, ist das Lösen von der Illusion der Schuld. Viele Haus-zwölf-Prägungen scheinen mit der Haltung von Schuld und Versagen einherzugehen, und eine solche kann und sollte selbstverständlich bearbeitet werden.

Die schwierigen Planeten in Haus zwölf weisen immer auf ein Trauma, für all die anderen Faktoren gibt es keine Formel, die uns sagt, wann es sich um ein Trauma oder eine starke Prägung handelt. Im zwölften Haus verschwimmen die Dinge. In einer Therapie kann es wichtig sein, ein Einzelereignis zu klären und in das Bewusstsein zu integrieren, in Wirklichkeit besteht das Leben nicht aus einer Aneinanderreihung von Einzelereignissen. »Die eine Ursache« für Ängste, Zwänge oder Blockierungen im Leben scheint es manchmal gar nicht als losgelöstes Ereignis zu geben, manche Prägung zieht sich eher wie ein Erzählfaden über mehrere Generationen, bevor dieser Faden scheinbar endet und mit einem anderen verwoben wird. In der Beschreibung einiger Fallgeschichten haben wir gesehen, dass Haus-zwölf-Traumata wie eine Art Familienkarma wirken können.

Einige wenige Klienten mit betontem zwölftem Haus berichteten mir von ihren Erfahrungen mit der Reinkarnationstherapie, die Verwicklungen aus vorhergehenden Leben lösen will. Ich habe mich nur am Rande mit den astrologischen Bezügen zu diesem Thema befasst und kann daher zu einer weiterführenden Diskussion nichts beisteuern. Die Bilder und Erkenntnisse, die die betreffenden Klienten in dieser Therapieform gewonnen hatten, schienen allerdings in bemerkenswerter Übereinstimmung mit den Themen ihres zwölften Hauses zu stehen.

Das zwölfte Haus – hier ist es, wo alles endet und alles sich auf einen Neuanfang vorzubereiten beginnt, wo Vergangenheit und Zukunft im wahrsten astrologischen Sinne des Wortes verschwimmen. Lösungen für die Themen dieses Bereiches drängen sich nicht gerade auf. Eine systemische Familienaufstellung und andere Formen symbolischer Arbeit können helfen, die Verantwortung für fremde Verwicklungen abzugeben. Hypnose und Traumaarbeit sind geeignet, unbewusste Zusammenhänge aufzudecken. Doch manchmal will Verborgenes im Verborgenen bleiben: Manche Menschen mit einer starken Belegung des zwölften Hauses haben nach mehreren Therapien die Suche nach den Ursachen ihrer Ängste aufgegeben und stattdessen gelernt, ihre Stimmungen anzunehmen, ohne sich an diese zu binden; sie kommen und gehen zu lassen, wie es der Natur des Wasser entspricht.

Anhang

Themen, die bei Stellungen im zwölften Haus während der Schwangerschaft eine prägende Rolle gespielt haben können:

Sonne: Abwesenheit oder Traumatisierung des Vaters

Mond: Traumatisierung der Mutter

Merkur: starke Zurückgezogenheit der Mutter oder mentale Überlastung

Venus: Wunschkind, übermäßige Fixierung

Mars: Konflikte der werdenden Mutter mit dem werdenden Vater, dem eigenen Vater oder einem anderen Mann

Jupiter: Wunschkind, übermäßige Fixierung

Saturn: Depressionen der Mutter, schwierige materielle Lage

Uranus: chaotische Lebenssituation, Abtreibungsversuche

Neptun: Vergiftung, Krankheit, Betrug, Unklarheit über den Vater

Pluto: Machtkämpfe, harte Konflikte, Abtreibungsversuche

Auch ohne Belegungen in Haus zwölf können traumatische Erfahrungen in der pränatalen Zeit stattgefunden haben, besonders dann, wenn es schwierige Aspekte auf den Zeugungspunkt (Spitze von zwölf) oder den Zeugungsherrscher (Herrscher von zwölf) gibt.

Autor

Martin A. Banger (1959) beschäftigt sich seit 1979 mit der Astrologie. Seit 1982 arbeitet er in eigener Beratungspraxis, wobei in den letzten Jahren vermehrt Selbstständige und Firmen zu seinen Klienten zählen. Er ist Verfasser von Deutungstexten für Horoskop-Analysen und zahlreicher Fachartikel, besonders zur Mundanastrologie. Weiterbildungen in Gesprächsführung, Dehypno und NLP, Gestaltarbeit nach Perls und Traumdeutung. Bisher sind von ihm erschienen ASTROLOGIE – WAS IST DAS EIGENTLICH (2001) und ASTROLOGIE UND KARRIERE – ANLEITUNG FÜR DEN ERFOLG (2009).

»Seitdem ich Astrologie betreibe, hat Jupiter dreimal die Sonne umrundet. Neue Himmelskörper wurden entdeckt, Planeten in fernen Welten aufgespürt. Unser Bild des Universums ist in stetem Wandel. So spannend die kosmischen Zusammenhänge sind – wir befinden uns hier auf der Erde und haben irdische Fragen zu klären.
Wer passt zu mir? Was will ich studieren? Ist die Zeit reif für einen wichtigen geschäftlichen Schritt? Bei der Suche nach einer guten Entscheidung verlieren wir oft den Überblick, das Gespür für die Richtung, in die sich die Dinge bewegen. Statt uns in Detailfragen zu verlieren, hilft es oft, den Blick auf das Ganze zu richten. Astrologie bietet diesen Blick.
Wir sind Teil eines größeren Ganzen, jeder wichtige Schritt im Leben ist untrennbar mit einem der fünf langen astrologischen Zyklen verbunden.«

Martin A. Banger

Kontaktdaten: **Martin A. Banger,** Am Wiesengrund, 124796 Bovenau
Telefon 04334-18 10 00, www.12Zeichen.de

Standardwerke der Astrologie

INGRID ZINNEL

Familienkonstellationen im Horoskop

Verstrickungen und Lösungen aus astrologischer Sicht
264 Seiten, kartoniert, 10 Abbildungen

ISBN 3-925100-938

Das Buch von Ingrid Zinnel bietet eine Zusammenführung der Astrologie mit der Arbeit des Familienstellens nach Bert Hellinger. Auf einfühlsame Weise ermöglichst sie den Lesern, systemische Strukturen im Horoskop zu erkennen und Familienkonstellationen zu erforschen. Dabei ist es ihr wichtig, nicht nur Verstrickungen aus dem Horoskop herauszulesen, sondern auch gleichzeitig Lösungswege aufzuzeigen. In einem einleitenden Kapitel werden zunächst die Grundsätze der systemischen Familientherapie erläutert. Anschließend wird das Horoskop als Familienbild aufgeschlüsselt. Dabei stellt die Autorin die Planeten als Symbole ins Zentrum einer Analogiekette. So lassen sich beispielsweise Verstrickungen anhand der Pluto-Stellung erkennen. Neptun verweist auf Familiengeheimnisse und Bindungen aus dem Jenseits, Uranus auf die Ausgegrenzten innerhalb der eigenen Sippe. Der Autorin ist es aber auch wichtig, nicht nur Verstrickungen herauszulesen. Vielmehr zeigt sie dem Leser immer auch Lösungswege und gibt Anweisungen für Lösungs-Rituale.

Ein wertvolles Buch für alle Leser, die den Schatz der Familiengeschichte und ihrer Herkunft mit Hilfe der Astrologie ausgraben, verstehen und bearbeiten möchten. *Meridian*

Standardwerke der Astrologie

CHRISTL OELMANN

Der Rote Faden durch das Kinderhoroskop

Astrologische Deutung und psychologische Unterstützung

280 Seiten, Hardcover
ISBN 978-3-89997-203-0

Christl Oelmann betrachtet im ersten Schritt immer die Horoskope der Eltern und unternimmt anschließend den Horoskopvergleich zwischen Kind und Eltern. Ganz deutlich arbeitet sie die Besonderheiten bei der Herangehensweise an ein Kinderhoroskop heraus, denn Kinder leben ihr Horoskop eher unbewusst. Im Hauptteil des Buches beschreibt sie ausführlich die Deutung der Elemente, Achsen, Planeten und der Häuser. Dabei geht sie jeweils getrennt auf Säuglinge bzw. Kleinkinder sowie auf Schulkinder ein. Sie erfahren in diesem Buch sehr viel über Ihre Eltern und sich selbst als Kind. Vor allem aber können Sie die Bedürfnisse ihres eigenen Kindes ergründen und begegnen den Schwierigkeiten, die naturgemäß im Laufe seines Erwachsenwerdens auftreten werden, nicht völlig unvorbereitet. Alles in allem ein umfassendes Handbuch, mit dem Sie eine optimale Unterstützung bei der Erziehung Ihres Kindes erhalten können.

Besonders gefallen hat mir der klare und direkte Stil der Autorin, die ohne Umschweife auf das Wesentliche eingeht, die sich sowohl in die Sichtweise des Kindes als auch der Eltern einfühlt und großes Verständnis für beide Seiten aufbringt. Sie ruft den Lesern ins Gedächtnis, wie sich die Erziehungsmethoden im Laufe der Zeit verändert haben, und zeigt auf, was Erziehung tatsächlich bedeutet, welche Herausforderungen Kinder für Eltern darstellen (können) - und umgehehrt.

Astrologie Heute 157

Standardwerke der Astrologie

ALEXANDER VON SCHLIEFFEN

Im Netz der Beziehungen

Die astrologische Sicht auf prägende Beziehungsmuster vom Kind bis zum Erwachsenen

Hardcover, 148 Seiten
ISBN 978-3-89997-215-3

Beziehungen verschiedenster Art bestimmen unser Leben. Sei es der Bezug zum eigenen Körper, das Verhältnis zu Eltern und Geschwistern, zwischenmenschliche Partnerschaften oder die vielfältigen Vernetzungen zum gesellschaftlichen Umraum. Wir leben alle diese Beziehungen, allerdings jeweils mit unterschiedlicher Intensität. Der Autor zeigt auf, welche Beziehungsmuster vorliegen können und wie diese mit den Quadranten des Horoskops zusammenhängen. Die Geschwisterfolge und deren Auswirkung auf das eigene Selbstverständnis wird eingehend betrachtet. Ebenso die Konsequenzen, wenn Beziehungsmuster, die für den einen Lebensbereich stimmig sind, in einen anderen verschoben werden. In diesem Buch erfahren Sie nicht nur, wo Sie derzeit stehen, sondern auch, was Ihre Lebensaufgabe ist, wie Sie kommunizieren und wie sich Ihre erotische Grundspannung zeigt.

„Das Buch zu lesen ist obendrein ein reines Vergnügen, da der Autor als Philosoph, Künstler und Astrologe seine Weltsicht sensibel, hoch intelligent, sprachgewandt und humorvoll einfließen lässt. Unbedingt lesenswert!"

Meridian 3/2013

Standardwerke der Astrologie

BARBARA EGERT

Kindheitserfahrungen im Horoskop

Sich die Schatten der Kindheit bewusst machen und aufarbeiten

240 Seiten, Hardcover, 20 Abbildungen
ISBN 978-3-89997-182-8

Die Astrologie ist eine große Hilfe, um sich die Schatten der Kindheit bewusst zu machen. Sie gibt Hinweise, wie diese so tief sitzenden problematischen Prägungen aufgelöst und gewandelt werden können. Die Autorin beschreibt zunächst das Dilemma von Nähe und Freiheit sowie die Trennungs- und Verlassenheitsängste des Kindes. Diese können sich später als Verletzung manifestieren. In diesem Buch erfahren Sie, dass sich die grundlegenden Erfahrungsmuster mit den Eltern in Ihrem Horoskop erkennen lassen. Es wird erläutert, welche Auswirkungen eine missglückte Kindheit haben kann, was die häufigsten Folgen sind und auf was sie bei einer astrologischen Betrachtung besonders achten müssen. Vor allem werden Ihnen dadurch Heilungsmöglichkeiten und Auswege verdeutlicht, so dass Sie mit den Schatten Ihrer Kindheit besser umgehen können.

»In ihrem neuen Buch Kindheitserfahrungen im Horoskop geht es genau darum. Auf umfassende und tiefsinnige Weise stellt die Autorin hier die verschiedenen psychologischen Schattenproblematiken und deren Bezüge zum Horoskop dar. Das ist äußerst lehrreich und gibt einen facettenreichen Einblick in das vielfältige Muster, in das sich Kindheitserlebnisse, Bezugspersonen, Radixplaneten und Transite, Einsichten und Hilflosigkeiten, Gefühle und Verdrängungen einweben.«

Astrologie Heute Nr. 141

Standardwerke der Astrologie

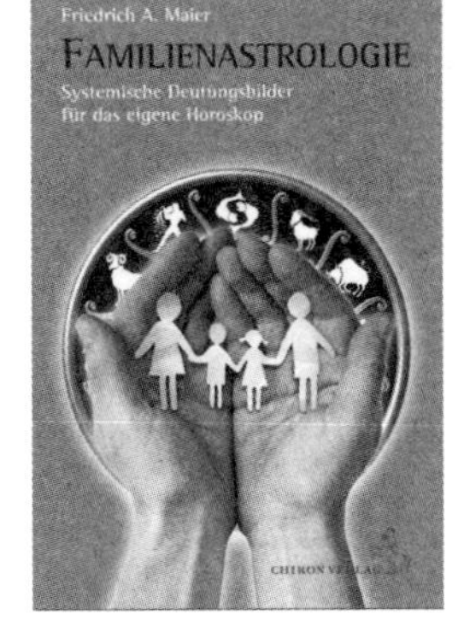

FRIEDRICH A. MAIER

Familienastrologie

Systemische Deutungsbilder für das eigene Horoskop

281 Seiten, Hardcover
ISBN 978-3-89997-207-8

Die systemische Astrologie geht davon aus, dass der Mensch schicksalhaft in ein bestimmtes Familiensystem hineingeboren wird, um dort eine Aufgabe oder einen Auftrag zu übernehmen bzw. seinen angemessenen Platz einzunehmen. Im ersten Teil dieses Buches beschreibt der Autor zunächst die Charakteristika von Systemen. Die weiteren Kapitel widmen sich intensiv den Zuordnungen und Deutungsmustern. Schwerpunkte bilden hier die Stellung von Sonne und Mond in den einzelnen Tierkreiszeichen und die systemischen Hintergründe des Aszendenten. Die Beziehungen zwischen den Familienmitgliedern lassen sich besonders deutlich an den Planetenaspekten erkennen. Hier finden Sie u.a. systemische Deutungsbilder zu allen möglichen Horoskopkonstellationen. Dieses Buch eröffnet Ihnen einen neuen Blick auf Ihre Familie. Es offenbaren sich Ihnen manche überraschende Einsichten in ihr persönliches Horoskop, das dann ein verändertes und lebendiges Gesicht bekommt.

„Seine einleuchtenden systemischen Deutungsbilder zu den unterschiedlichsten Konstellationen des Horoskops geben den Leserinnen und Lesern ein fassliches Instrument systemischer Anschauung in die Hand."

Astrologie Heute Nr. 160

Standardwerke der Astrologie

ROLAND JAKUBOWITZ

Astrologie in der Erziehung

Werde der, der Du bist. Oder: Finde im jetzigen Leben wieder die innere Balance

186 Seiten, Hardcover
ISBN 978-3-89997-224-5

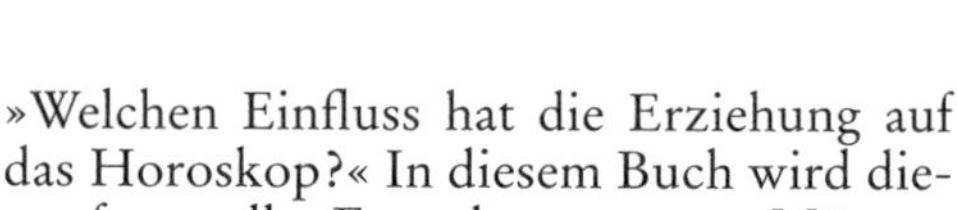

»Welchen Einfluss hat die Erziehung auf das Horoskop?« In diesem Buch wird diese oft gestellte Frage beantwortet. Mütter und Väter finden die Erklärung, warum ihre Kinder bei gleicher Erziehung so verschieden sind. Doch das ist noch nicht alles Dieses Buch richtet sich auch an Sie als Erwachsener. Im Horoskop steht die Geschichte, die wir in dieses Leben mitbringen. Der Autor betrachtet das Horoskop entwicklungspsychologisch und erläutert die Entwicklungsschritte anhand der zwölf Planetenprinzipien. Ausführlich zeigt er jeweils die ungünstigen Folgen einer Unterdrückung bzw. die positiven Auswirkungen bei der Entfaltung der Anlagen. Neben zahlreichen erläuternden Beispielen aus dem Alltag erhalten Sie vor allem die Gelegenheit, unbewusst übernommene Normen und Regeln zu überprüfen und zu hinterfragen. Zum Beispiel ob Ihre Ansichten und Meinungen oder Ihr Verhalten auch tatsächlich Ihrer Charakteranlage entsprechen. Dieses Buch ist der Wegweiser, wenn Sie für Ihre Selbstverwirklichung den Entschluss fassen: »Werde der, der Du bist!«

Es ist ein wertvoller »Erziehungsbegleiter« geworden. Der Autor geht auf pränatale Prägungen sowie defizitäre und destruktive Auswirkungen einer ungünstigen Erziehung ein und erläutert die psychosomatischen Auswirkungen bei einer unentwickelten Anlage… Ein Buch, das nicht nur Astrologen interessieren dürfte, sondern alle, die Kinder auf ihrem Entwicklungsweg begleiten wollen.

Astrologie Heute